HEBREO
VOCABULARIO

ESPAÑOL- HEBREO

Las palabras más útiles
Para expandir su vocabulario y refinar
sus habilidades lingüísticas

3000 palabras

Vocabulario Español-Hebreo - 3000 palabras más usadas

por Andrey Taranov

Los vocabularios de T&P Books buscan ayudar en el aprendizaje, la memorización y la revisión de palabras de idiomas extranjeros. El diccionario se divide por temas, cubriendo toda la esfera de las actividades cotidianas, de negocios, ciencias, cultura, etc.

El proceso de aprendizaje de palabras utilizando los diccionarios temáticos de T&P Books le proporcionará a usted las siguientes ventajas:

- La información del idioma secundario está organizada claramente y predetermina el éxito para las etapas subsiguientes en la memorización de palabras.
- Las palabras derivadas de la misma raíz se agrupan, lo cual permite la memorización de grupos de palabras en vez de palabras aisladas.
- Las unidades pequeñas de palabras facilitan el proceso de reconocimiento de enlaces de asociación que se necesitan para la cohesión del vocabulario.
- De este modo, se puede estimar el número de palabras aprendidas y así también el nivel de conocimiento del idioma.

T&P Books Publishing
www.tpbooks.com

ISBN: 978-1-78716-423-9

Este libro está disponible en formato electrónico o de E-Book también.
Visite www.tpbooks.com o las librerías electrónicas más destacadas en la Red.

VOCABULARIO HEBREO
palabras más usadas

Los vocabularios de T&P Books buscan ayudar al aprendiz a aprender, memorizar y repasar palabras de idiomas extranjeros. Los vocabularios contienen más de 3000 palabras comúnmente usadas y organizadas de manera temática.

- El vocabulario contiene las palabras corrientes más usadas.
- Se recomienda como ayuda adicional a cualquier curso de idiomas.
- Capta las necesidades de aprendices de nivel principiante y avanzado.
- Es conveniente para uso cotidiano, prácticas de revisión y actividades de auto-evaluación.
- Facilita la evaluación del vocabulario.

Aspectos claves del vocabulario

- Las palabras se organizan según el significado, no según el orden alfabético.
- Las palabras se presentan en tres columnas para facilitar los procesos de repaso y auto-evaluación.
- Los grupos de palabras se dividen en pequeñas secciones para facilitar el proceso de aprendizaje.
- El vocabulario ofrece una transcripción sencilla y conveniente de cada palabra extranjera.

El vocabulario contiene 101 temas que incluyen lo siguiente:

Conceptos básicos, números, colores, meses, estaciones, unidades de medidas, ropa y accesorios, comida y nutrición, restaurantes, familia nuclear, familia extendida, características de personalidad, sentimientos, emociones, enfermedades, la ciudad y el pueblo, exploración del paisaje, compras, finanzas, la casa, el hogar, la oficina, el trabajo en oficina, importación y exportación, promociones, búsqueda de trabajo, deportes, educación, computación, la red, herramientas, la naturaleza, los países, las nacionalidades y más …

TABLA DE CONTENIDO

GUÍA DE PRONUNCIACIÓN

El nombre de la letra	La letra	Ejemplo hebreo	T&P alfabeto fonético	Ejemplo español
Alef	א	אריה	[ɑ], [ɑ:]	altura
	א	אחד	[ɛ], [ɛ:]	buceo
	א	מָאָה	['] (hamza)	oclusiva glotal sorda
Bet	ב	בית	[b]	en barco
Guímel	ג	גמל	[g]	jugada
Guímel+geresh	ג'	ג'ונגל	[ʤ]	jazz
Dálet	ד	דג	[d]	desierto
Hei	ה	הר	[h]	registro
Vav	ו	וסת	[v]	travieso
Zayn	ז	זאב	[z]	desde
Zayn+geresh	ז'	ז'ורנל	[ʒ]	adyacente
Jet	ח	חוט	[x]	reloj
Tet	ט	טוב	[t]	torre
Yod	י	יום	[j]	asiento
Kaf	כ ך	בריש	[k]	charco
Lámed	ל	לחם	[l]	lira
Mem	מ ם	מלך	[m]	nombre
Nun	נ ן	נר	[n]	número
Sámaj	ס	סוס	[s]	salva
Ayin	ע	עין	[ɑ], [ɑ:]	altura
	ע	תָשְׁעִים	['] (ayn)	fricativa faríngea sonora
Pei	פ ף	פיל	[p]	precio
Tzadi	צ ץ	צעצוע	[ʦ]	tsunami
Tzadi+geresh	צ'ץ'	צָ'ק	[ʧ]	mapache
Qof	ק	קוף	[k]	charco
Resh	ר	רכבת	[r]	R francesa (gutural)
Shin	ש	שלחן, עָשְׂרִים	[s], [ʃ]	salva, shopping
Taf	ת	תפוז	[t]	torre

ABREVIATURAS
usadas en el vocabulario

Abreviatura en español

adj	-	adjetivo
adv	-	adverbio
anim.	-	animado
conj	-	conjunción
etc.	-	etcétera
f	-	sustantivo femenino
f pl	-	femenino plural
fam.	-	uso familiar
fem.	-	femenino
form.	-	uso formal
inanim.	-	inanimado
innum.	-	innumerable
m	-	sustantivo masculino
m pl	-	masculino plural
m, f	-	masculino, femenino
masc.	-	masculino
mat	-	matemáticas
mil.	-	militar
num.	-	numerable
p.ej.	-	por ejemplo
pl	-	plural
pron	-	pronombre
sg	-	singular
v aux	-	verbo auxiliar
vi	-	verbo intransitivo
vi, vt	-	verbo intransitivo, verbo transitivo
vr	-	verbo reflexivo
vt	-	verbo transitivo

Abreviatura en hebreo

ז	-	masculino
ז"ר	-	masculino plural
ז , נ	-	masculino, femenino
נ	-	femenino
נ"ר	-	femenino plural

CONCEPTOS BÁSICOS

1. Los pronombres

yo	ani	אֲנִי (ז, נ)
tú (masc.)	ata	אַתָּה (ז)
tú (fem.)	at	אַתְּ (נ)
él	hu	הוּא (ז)
ella	hi	הִיא (נ)
nosotros, -as	a'naxnu	אֲנַחְנוּ (ז, נ)
vosotros	atem	אַתֶּם (ז"ר)
vosotras	aten	אַתֶּן (נ"ר)
Usted	ata, at	אַתָּה (ז), אַתְּ (נ)
Ustedes	atem, aten	אַתֶּם (ז"ר), אַתֶּן (נ"ר)
ellos	hem	הֵם (ז"ר)
ellas	hen	הֵן (נ"ר)

2. Saludos. Salutaciones

¡Hola! (fam.)	ʃalom!	שָׁלוֹם!
¡Hola! (form.)	ʃalom!	שָׁלוֹם!
¡Buenos días!	'boker tov!	בּוֹקֶר טוֹב!
¡Buenas tardes!	tsaha'rayim tovim!	צָהֳרַיִים טוֹבִים!
¡Buenas noches!	'erev tov!	עֶרֶב טוֹב!
decir hola	lomar ʃalom	לוֹמַר שָׁלוֹם
¡Hola! (a un amigo)	hai!	הַיי!
saludo (m)	ahlan	אַהְלָן
saludar (vt)	lomar ʃalom	לוֹמַר שָׁלוֹם
¿Cómo estáis?	ma ʃlomeχ?, ma ʃlomχa?	מָה שְׁלוֹמֵךְ? (נ), מָה שְׁלוֹמְךָ? (ז)
¿Cómo estás?	ma niʃma?	מָה נִשְׁמַע?
¿Qué hay de nuevo?	ma χadaʃ?	מָה חָדָשׁ?
¡Hasta la vista! (form.)	lehitra'ot!	לְהִתְרָאוֹת!
¡Hasta la vista! (fam.)	bai!	בַּיי!
¡Hasta pronto!	lehitra'ot bekarov!	לְהִתְרָאוֹת בְּקָרוֹב!
¡Adiós!	lehitra'ot!	לְהִתְרָאוֹת!
despedirse (vr)	lomar lehitra'ot	לוֹמַר לְהִתְרָאוֹת
¡Hasta luego!	bai!	בַּיי!
¡Gracias!	toda!	תּוֹדָה!
¡Muchas gracias!	toda raba!	תּוֹדָה רַבָּה!
De nada	bevakaʃa	בְּבַקָּשָׁה
No hay de qué	al lo davar	עַל לֹא דָבָר
De nada	ein be'ad ma	אֵין בְּעַד מָה
¡Disculpa! ¡Disculpe!	sliχa!	סְלִיחָה!

disculpar (vt)	lis'loax	לִסְלוֹחַ
disculparse (vr)	lehitnatsel	לְהִתְנַצֵּל
Mis disculpas	ani mitnatsel, ani mitna'tselet	אֲנִי מִתְנַצֵּל (ז), אֲנִי מִתְנַצֶּלֶת (נ)
¡Perdóneme!	ani mitsta'er, ani mitsta''eret	אֲנִי מִצְטַעֵר (ז), אֲנִי מִצְטַעֶרֶת (נ)
perdonar (vt)	lis'loax	לִסְלוֹחַ
¡No pasa nada!	lo nora	לֹא נוֹרָא
por favor	bevakaʃa	בְּבַקָּשָׁה
¡No se le olvide!	al tiʃkax!	אַל תִּשְׁכַּח! (ז)
¡Ciertamente!	'betax!	בָּטַח!
¡Claro que no!	'betax ʃelo!	בָּטַח שֶׁלֹּא!
¡De acuerdo!	okei!	אוֹקֵיי!
¡Basta!	maspik!	מַסְפִּיק!

3. Las preguntas

¿Quién?	mi?	מִי?
¿Qué?	ma?	מָה?
¿Dónde?	'eifo?	אֵיפֹה?
¿Adónde?	le'an?	לְאָן?
¿De dónde?	me''eifo?	מֵאֵיפֹה?
¿Cuándo?	matai?	מָתַי?
¿Para qué?	'lama?	לָמָה?
¿Por qué?	ma'du'a?	מַדּוּעַ?
¿Por qué razón?	biʃvil ma?	בִּשְׁבִיל מָה?
¿Cómo?	eix, keitsad?	כֵּיצַד? אֵיךְ?
¿Qué ...? (~ color)	'eize?	אֵיזֶה?
¿Cuál?	'eize?	אֵיזֶה?
¿A quién?	lemi?	לְמִי?
¿De quién? (~ hablan ...)	al mi?	עַל מִי?
¿De qué?	al ma?	עַל מָה?
¿Con quién?	im mi?	עִם מִי?
¿Cuánto?	'kama?	כַּמָּה?
¿De quién?	ʃel mi?	שֶׁל מִי?

4. Las preposiciones

con ... (~ algn)	im	עִם
sin ... (~ azúcar)	bli, lelo	בְּלִי, לְלֹא
a ... (p.ej. voy a México)	le...	לְ...
de ... (hablar ~)	al	עַל
antes de ...	lifnei	לִפְנֵי
delante de ...	lifnei	לִפְנֵי
debajo	mi'taxat le...	מִתַּחַת לְ...
sobre ..., encima de ...	me'al	מֵעַל
en, sobre (~ la mesa)	al	עַל
de (origen)	mi, me	מִ, מ
de (fabricado de)	mi, me	מִ, מ

| dentro de ... | tox | תוֹךְ |
| encima de ... | 'derex | דֶּרֶךְ |

5. Las palabras útiles. Los adverbios. Unidad 1

¿Dónde?	'eifo?	אֵיפֹה?
aquí (adv)	po, kan	פֹּה, כָּאן
allí (adv)	ʃam	שָׁם

| en alguna parte | 'eifo ʃehu | אֵיפֹה שֶׁהוּא |
| en ninguna parte | beʃum makom | בְּשׁוּם מָקוֹם |

| junto a ... | leyad ... | לְיַד ... |
| junto a la ventana | leyad haxalon | לְיַד הַחַלּוֹן |

¿A dónde?	le'an?	לְאָן?
aquí (venga ~)	'hena, lekan	הֵנָּה; לְכָאן
allí (vendré ~)	leʃam	לְשָׁם
de aquí (adv)	mikan	מִכָּאן
de allí (adv)	miʃam	מִשָּׁם

| cerca (no lejos) | karov | קָרוֹב |
| lejos (adv) | raxok | רָחוֹק |

cerca de ...	leyad	לְיַד
al lado (de ...)	karov	קָרוֹב
no lejos (adv)	lo raxok	לֹא רָחוֹק

izquierdo (adj)	smali	שְׂמָאלִי
a la izquierda (situado ~)	mismol	מִשְּׂמֹאל
a la izquierda (girar ~)	'smola	שְׂמֹאלָה

derecho (adj)	yemani	יְמָנִי
a la derecha (situado ~)	miyamin	מִיָּמִין
a la derecha (girar)	ya'mina	יָמִינָה

delante (yo voy ~)	mika'dima	מִקָּדִימָה
delantero (adj)	kidmi	קִדְמִי
adelante (movimiento)	ka'dima	קָדִימָה

detrás de ...	me'axor	מֵאָחוֹר
desde atrás	me'axor	מֵאָחוֹר
atrás (da un paso ~)	a'xora	אֲחוֹרָה

centro (m), medio (m)	'emtsa	אֶמְצַע (ז)
en medio (adv)	ba"emtsa	בָּאֶמְצַע
de lado (adv)	mehatsad	מֵהַצַּד
en todas partes	bexol makom	בְּכָל מָקוֹם
alrededor (adv)	misaviv	מִסָּבִיב

de dentro (adv)	mibifnim	מִבִּפְנִים
a alguna parte	le'an ʃehu	לְאָן שֶׁהוּא
todo derecho (adv)	yaʃar	יָשָׁר
atrás (muévelo para ~)	baxazara	בַּחֲזָרָה

de alguna parte (adv)	me'ei ʃam	מֵאֵי שָׁם
no se sabe de dónde	me'ei ʃam	מֵאֵי שָׁם
primero (adv)	reʃit	רֵאשִׁית
segundo (adv)	ʃenit	שֵׁנִית
tercero (adv)	ʃliʃit	שְׁלִישִׁית
de súbito (adv)	pit'om	פִּתְאוֹם
al principio (adv)	behatslaχa	בַּהַתְחָלָה
por primera vez	lariʃona	לָרִאשׁוֹנָה
mucho tiempo antes …	zman rav lifnei …	… זְמַן רַב לִפְנֵי
de nuevo (adv)	meχadaʃ	מֵחָדָשׁ
para siempre (adv)	letamid	לְתָמִיד
jamás, nunca (adv)	af 'pa'am, me'olam	מֵעוֹלָם, אַף פַּעַם
de nuevo (adv)	ʃuv	שׁוּב
ahora (adv)	aχʃav, ka'et	עַכְשָׁיו, כָּעֵת
frecuentemente (adv)	le'itim krovot	לְעִיתִּים קְרוֹבוֹת
entonces (adv)	az	אָז
urgentemente (adv)	bidχifut	בְּדְחִיפוּת
usualmente (adv)	be'dereχ klal	בְּדֶרֶךְ כְּלָל
a propósito, …	'dereχ 'agav	דֶּרֶךְ אַגַּב
es probable	efʃari	אֶפְשָׁרִי
probablemente (adv)	kanir'e	כַּנִּרְאָה
tal vez	ulai	אוּלַי
además …	χuts mize …	… חוּץ מִזֶּה
por eso …	laχen	לָכֵן
a pesar de …	lamrot …	… לַמְרוֹת
gracias a …	hodot le…	…הוֹדוֹת לְ
qué (pron)	ma	מָה
que (conj)	ʃe	שְׁ
algo (~ le ha pasado)	'maʃehu	מַשֶׁהוּ
algo (~ así)	'maʃehu	מַשֶׁהוּ
nada (f)	klum	כְּלוּם
quien	mi	מִי
alguien (viene ~)	'miʃehu, 'miʃehi	מִישֶׁהוּ (ז), מִישֶׁהִי (נ)
alguien (¿ha llamado ~?)	'miʃehu, 'miʃehi	מִישֶׁהוּ (ז), מִישֶׁהִי (נ)
nadie	af eχad, af aχat	אַף אֶחָד (ז), אַף אַחַת (נ)
a ninguna parte	leʃum makom	לְשׁוּם מָקוֹם
de nadie	lo ʃayaχ le'af eχad	לֹא שַׁיָּךְ לְאַף אֶחָד
de alguien	ʃel 'miʃehu	שֶׁל מִישֶׁהוּ
tan, tanto (adv)	kol kaχ	כָּל־כָּךְ
también (~ habla francés)	gam	גַם
también (p.ej. Yo ~)	gam	גַם

6. Las palabras útiles. Los adverbios. Unidad 2

¿Por qué?	ma'du'a?	מַדּוּעַ?
no se sabe porqué	miʃum ma	מִשּׁוּם־מָה

porque ...	miʃum ʃe	מִשּׁוּם שׁ
por cualquier razón (adv)	lematara 'kolʃehi	לְמַטָּרָה פָּלְשֶׁהִי
y (p.ej. uno y medio)	ve ...	... וְ
o (p.ej. té o café)	o	אוֹ
pero (p.ej. me gusta, ~)	aval, ulam	אֲבָל, אוּלָם
para (p.ej. es para ti)	biʃvil	בְּשׁבִיל
demasiado (adv)	yoter midai	יוֹתֵר מִדַּי
sólo, solamente (adv)	rak	רַק
exactamente (adv)	bediyuk	בְּדִיּוּק
unos ...,	be''ereχ	בְּעֵרֶךְ
cerca de ... (~ 10 kg)		
aproximadamente	be''ereχ	בְּעֵרֶךְ
aproximado (adj)	meʃo'ar	מְשׁוֹעָר
casi (adv)	kim'at	כִּמְעַט
resto (m)	ʃe'ar	שְׁאָר (ז)
el otro (adj)	aχer	אַחֵר
otro (p.ej. el otro día)	aχer	אַחֵר
cada (adj)	kol	כֹּל
cualquier (adj)	kolʃehu	כָּלְשֶׁהוּ
mucho (adv)	harbe	הַרְבֵּה
muchos (mucha gente)	harbe	הַרְבֵּה
todos	kulam	כּוּלָם
a cambio de ...	tmurat ...	... תְּמוּרַת
en cambio (adv)	bitmura	בִּתְמוּרָה
a mano (hecho ~)	bayad	בְּיָד
poco probable	safek im	סָפֵק אִם
probablemente	karov levadai	קָרוֹב לְוַדַּאי
a propósito (adv)	'davka	דַּווְקָא
por accidente (adv)	bemikre	בְּמִקְרֶה
muy (adv)	me'od	מְאוֹד
por ejemplo (adv)	lemaʃal	לְמָשָׁל
entre (~ nosotros)	bein	בֵּין
entre (~ otras cosas)	be'kerev	בְּקֶרֶב
tanto (~ gente)	kol kaχ harbe	כָּל-כָּךְ הַרְבֵּה
especialmente (adv)	bimyuχad	בִּמְיוּחָד

NÚMEROS. MISCELÁNEA

7. Números cardinales. Unidad 1

cero	'efes	אֶפֶס (ז)
uno	exad	אֶחָד (ז)
una	axat	אַחַת (נ)
dos	'ʃtayim	שְׁתַּיִם (נ)
tres	ʃaloʃ	שָׁלוֹשׁ (נ)
cuatro	arba	אַרְבַּע (נ)
cinco	xameʃ	חָמֵשׁ (נ)
seis	ʃeʃ	שֵׁשׁ (נ)
siete	'ʃeva	שֶׁבַע (נ)
ocho	'ʃmone	שְׁמוֹנֶה (נ)
nueve	'teʃa	תֵּשַׁע (נ)
diez	'eser	עֶשֶׂר (נ)
once	axat esre	אַחַת־עֶשְׂרֵה (נ)
doce	ʃteim esre	שְׁתֵּים־עֶשְׂרֵה (נ)
trece	ʃloʃ esre	שְׁלוֹשׁ־עֶשְׂרֵה (נ)
catorce	arba esre	אַרְבַּע־עֶשְׂרֵה (נ)
quince	xameʃ esre	חֲמֵשׁ־עֶשְׂרֵה (נ)
dieciséis	ʃeʃ esre	שֵׁשׁ־עֶשְׂרֵה (נ)
diecisiete	ʃva esre	שְׁבַע־עֶשְׂרֵה (נ)
dieciocho	ʃmone esre	שְׁמוֹנֶה־עֶשְׂרֵה (נ)
diecinueve	tʃa esre	תְּשַׁע־עֶשְׂרֵה (נ)
veinte	esrim	עֶשְׂרִים
veintiuno	esrim ve'exad	עֶשְׂרִים וְאֶחָד
veintidós	esrim u'ʃnayim	עֶשְׂרִים וּשְׁנַיִם
veintitrés	esrim uʃloʃa	עֶשְׂרִים וּשְׁלוֹשָׁה
treinta	ʃloʃim	שְׁלוֹשִׁים
treinta y uno	ʃloʃim ve'exad	שְׁלוֹשִׁים וְאֶחָד
treinta y dos	ʃloʃim u'ʃnayim	שְׁלוֹשִׁים וּשְׁנַיִם
treinta y tres	ʃloʃim uʃloʃa	שְׁלוֹשִׁים וּשְׁלוֹשָׁה
cuarenta	arba'im	אַרְבָּעִים
cuarenta y uno	arba'im ve'exad	אַרְבָּעִים וְאֶחָד
cuarenta y dos	arba'im u'ʃnayim	אַרְבָּעִים וּשְׁנַיִם
cuarenta y tres	arba'im uʃloʃa	אַרְבָּעִים וּשְׁלוֹשָׁה
cincuenta	xamiʃim	חֲמִישִׁים
cincuenta y uno	xamiʃim ve'exad	חֲמִישִׁים וְאֶחָד
cincuenta y dos	xamiʃim u'ʃnayim	חֲמִישִׁים וּשְׁנַיִם
cincuenta y tres	xamiʃim uʃloʃa	חֲמִישִׁים וּשְׁלוֹשָׁה
sesenta	ʃiʃim	שִׁישִׁים
sesenta y uno	ʃiʃim ve'exad	שִׁישִׁים וְאֶחָד

sesenta y dos	ʃiʃim u'ʃnayim	שִׁישִׁים וּשְׁנַיִים
sesenta y tres	ʃiʃim uʃloʃa	שִׁישִׁים וּשְׁלוֹשָׁה
setenta	ʃiv'im	שִׁבְעִים
setenta y uno	ʃiv'im ve'eχad	שִׁבְעִים וְאָחָד
setenta y dos	ʃiv'im u'ʃnayim	שִׁבְעִים וּשְׁנַיִים
setenta y tres	ʃiv'im uʃloʃa	שִׁבְעִים וּשְׁלוֹשָׁה
ochenta	ʃmonim	שְׁמוֹנִים
ochenta y uno	ʃmonim ve'eχad	שְׁמוֹנִים וְאָחָד
ochenta y dos	ʃmonim u'ʃnayim	שְׁמוֹנִים וּשְׁנַיִים
ochenta y tres	ʃmonim uʃloʃa	שְׁמוֹנִים וּשְׁלוֹשָׁה
noventa	tiʃim	תִּשְׁעִים
noventa y uno	tiʃim ve'eχad	תִּשְׁעִים וְאָחָד
noventa y dos	tiʃim u'ʃayim	תִּשְׁעִים וּשְׁנַיִים
noventa y tres	tiʃim uʃloʃa	תִּשְׁעִים וּשְׁלוֹשָׁה

8. Números cardinales. Unidad 2

cien	'me'a	מֵאָה (נ)
doscientos	ma'tayim	מָאתַיִים
trescientos	ʃloʃ me'ot	שְׁלוֹשׁ מֵאוֹת (נ)
cuatrocientos	arba me'ot	אַרְבַּע מֵאוֹת (נ)
quinientos	χameʃ me'ot	חָמֵשׁ מֵאוֹת (נ)
seiscientos	ʃeʃ me'ot	שֵׁשׁ מֵאוֹת (נ)
setecientos	ʃva me'ot	שְׁבַע מֵאוֹת (נ)
ochocientos	ʃmone me'ot	שְׁמוֹנֶה מֵאוֹת (נ)
novecientos	tʃa me'ot	תְּשַׁע מֵאוֹת (נ)
mil	'elef	אֶלֶף (ז)
dos mil	al'payim	אַלְפַּיִים (ז)
tres mil	'ʃloʃet alafim	שְׁלוֹשֶׁת אֲלָפִים (ז)
diez mil	a'seret alafim	עֲשֶׂרֶת אֲלָפִים (ז)
cien mil	'me'a 'elef	מֵאָה אֶלֶף (ז)
millón (m)	milyon	מִילְיוֹן (ז)
mil millones	milyard	מִילְיַארְד (ז)

9. Números ordinales

primero (adj)	riʃon	רִאשׁוֹן
segundo (adj)	ʃeni	שֵׁנִי
tercero (adj)	ʃliʃi	שְׁלִישִׁי
cuarto (adj)	revi'i	רְבִיעִי
quinto (adj)	χamiʃi	חֲמִישִׁי
sexto (adj)	ʃiʃi	שִׁישִׁי
séptimo (adj)	ʃvi'i	שְׁבִיעִי
octavo (adj)	ʃmini	שְׁמִינִי
noveno (adj)	tʃi'i	תְּשִׁיעִי
décimo (adj)	asiri	עֲשִׂירִי

LOS COLORES. LAS UNIDADES DE MEDIDA

10. Los colores

color (m)	'tseva	צֶבַע (ז)
matiz (m)	gavan	גָּוֹן (ז)
tono (m)	gavan	גָּוֹן (ז)
arco (m) iris	'keʃet	קֶשֶׁת (נ)
blanco (adj)	lavan	לָבָן
negro (adj)	ʃaχor	שָׁחֹר
gris (adj)	afor	אָפֹר
verde (adj)	yarok	יָרֹק
amarillo (adj)	tsahov	צָהֹב
rojo (adj)	adom	אָדֹם
azul (adj)	kaχol	כָּחֹל
azul claro (adj)	taχol	תְכוֹל
rosa (adj)	varod	וָרֹד
naranja (adj)	katom	כָּתֹם
violeta (adj)	segol	סָגֹל
marrón (adj)	χum	חוּם
dorado (adj)	zahov	זָהֹב
argentado (adj)	kasuf	כָּסוּף
beige (adj)	beʒ	בֶּז'
crema (adj)	be'tseva krem	בְּצֶבַע קְרֶם
turquesa (adj)	turkiz	טוּרְקִיז
rojo cereza (adj)	bordo	בּוֹרְדוֹ
lila (adj)	segol	סָגֹל
carmesí (adj)	patol	פָּטֹל
claro (adj)	bahir	בָּהִיר
oscuro (adj)	kehe	כֵּהֶה
vivo (adj)	bohek	בּוֹהֵק
de color (lápiz ~)	tsiv'oni	צִבְעוֹנִי
en colores (película ~)	tsiv'oni	צִבְעוֹנִי
blanco y negro (adj)	ʃaχor lavan	שָׁחֹר־לָבָן
unicolor (adj)	χad tsiv'i	חַד־צִבְעִי
multicolor (adj)	sasgoni	סַסְגּוֹנִי

11. Las unidades de medida

peso (m)	miʃkal	מִשְׁקָל (ז)
longitud (f)	'oreχ	אֹרֶךְ (ז)

anchura (f)	'roχav	רוֹחַב (ז)
altura (f)	'gova	גוֹבַה (ז)
profundidad (f)	'omek	עוֹמֶק (ז)
volumen (m)	'nefaχ	נֶפַח (ז)
área (f)	'ʃetaχ	שֶׁטַח (ז)

gramo (m)	gram	גרָם (ז)
miligramo (m)	miligram	מִילִיגרָם (ז)
kilogramo (m)	kilogram	קִילוֹגרָם (ז)
tonelada (f)	ton	טוֹן (ז)
libra (f)	'pa'und	פָּאוּנד (ז)
onza (f)	'unkiya	אוּנקיָה (נ)

metro (m)	'meter	מֶטֶר (ז)
milímetro (m)	mili'meter	מִילִימֶטֶר (ז)
centímetro (m)	senti'meter	סֶנטִימֶטֶר (ז)
kilómetro (m)	kilo'meter	קִילוֹמֶטֶר (ז)
milla (f)	mail	מַייל (ז)

pulgada (f)	intʃ	אִינצ' (ז)
pie (m)	'regel	רֶגֶל (נ)
yarda (f)	yard	יַרד (ז)

metro (m) cuadrado	'meter ra'vu'a	מֶטֶר רָבוּעַ (ז)
hectárea (f)	hektar	הֶקטָר (ז)

litro (m)	litr	לִיטר (ז)
grado (m)	ma'ala	מַעֲלָה (נ)
voltio (m)	volt	ווֹלט (ז)
amperio (m)	amper	אַמפֶּר (ז)
caballo (m) de fuerza	'koaχ sus	כּוֹחַ סוּס (ז)

cantidad (f)	kamut	כַּמוּת (נ)
un poco de ...	kʦat ...	קצָת ...
mitad (f)	'χeʦi	חֲצִי (ז)
docena (f)	tresar	תרֵיסָר (ז)
pieza (f)	yeχida	יְחִידָה (נ)

dimensión (f)	'godel	גוֹדֶל (ז)
escala (f) (del mapa)	kne mida	קנֵה מִידָה (ז)

mínimo (adj)	mini'mali	מִינִימָאלִי
el más pequeño (adj)	hakatan beyoter	הַקָטָן בְּיוֹתֵר
medio (adj)	memuʦa	מְמוּצָע
máximo (adj)	maksi'mali	מַקסִימָלִי
el más grande (adj)	hagadol beyoter	הַגָדוֹל בְּיוֹתֵר

12. Contenedores

tarro (m) de vidrio	ʦin'ʦenet	צִנצֶנֶת (נ)
lata (f)	paχit	פַּחִית (נ)
cubo (m)	dli	דלִי (ז)
barril (m)	χavit	חָבִית (נ)
palangana (f)	gigit	גִיגִית (נ)

tanque (m)	meiχal	מֵיכָל (ז)
petaca (f) (de alcohol)	meimiya	מֵימִיָּה (נ)
bidón (m) de gasolina	'dʒerikan	גֶ׳רִיקָן (ז)
cisterna (f)	meχalit	מֵיכָלִית (נ)
taza (f) (mug de cerámica)	'sefel	סֵפֶל (ז)
taza (f) (~ de café)	'sefel	סֵפֶל (ז)
platillo (m)	taχtit	תַּחְתִּית (נ)
vaso (m) (~ de agua)	kos	כּוֹס (נ)
copa (f) (~ de vino)	ga'vi'a	גָבִיעַ (ז)
olla (f)	sir	סִיר (ז)
botella (f)	bakbuk	בַּקְבּוּק (ז)
cuello (m) de botella	tsavar habakbuk	צַוַּאר הַבַּקְבּוּק (ז)
garrafa (f)	kad	כַּד (ז)
jarro (m) (~ de agua)	kankan	קַנְקַן (ז)
recipiente (m)	kli	כְּלִי (ז)
tarro (m)	sir 'χeres	סִיר חֶרֶס (ז)
florero (m)	agartal	אֲגַרְטָל (ז)
frasco (m) (~ de perfume)	tsloχit	צְלוֹחִית (נ)
frasquito (m)	bakbukon	בַּקְבּוּקוֹן (ז)
tubo (m)	ʃfo'feret	שְׁפוֹפֶרֶת (נ)
saco (m) (~ de azúcar)	sak	שַׂק (ז)
bolsa (f) (~ plástica)	sakit	שַׂקִּית (נ)
paquete (m) (~ de cigarrillos)	χafisa	חֲפִיסָה (נ)
caja (f)	kufsa	קוּפְסָה (נ)
cajón (m) (~ de madera)	argaz	אַרְגָּז (ז)
cesta (f)	sal	סַל (ז)

LOS VERBOS MÁS IMPORTANTES

13. Los verbos más importantes. Unidad 1

abrir (vt)	lif'toaχ	לִפְתּוֹחַ
acabar, terminar (vt)	lesayem	לְסַיֵּם
aconsejar (vt)	leya'ets	לְיַיֵּץ
adivinar (vt)	lenaχeʃ	לְנַחֵשׁ
advertir (vt)	lehazhir	לְהַזְהִיר
alabarse, jactarse (vr)	lehitravrev	לְהִתְרַבְרֵב
almorzar (vi)	le'eχol aruχat tsaha'rayim	לֶאֱכֹל אֲרוּחַת צָהֳרַיִים
alquilar (~ una casa)	liskor	לִשְׂכּוֹר
amenazar (vt)	le'ayem	לְאַיֵּם
arrepentirse (vr)	lehitsta'er	לְהִצְטַעֵר
ayudar (vt)	la'azor	לַעֲזוֹר
bañarse (vr)	lehitraχets	לְהִתְרַחֵץ
bromear (vi)	lehitba'deaχ	לְהִתְבַּדֵּחַ
buscar (vt)	leχapes	לְחַפֵּשׂ
caer (vi)	lipol	לִיפּוֹל
callarse (vr)	liʃtok	לִשְׁתּוֹק
cambiar (vt)	leʃanot	לְשַׁנּוֹת
castigar, punir (vt)	leha'aniʃ	לְהַעֲנִישׁ
cavar (vt)	laχpor	לַחְפּוֹר
cazar (vi, vt)	latsud	לָצוּד
cenar (vi)	le'eχol aruχat 'erev	לֶאֱכֹל אֲרוּחַת עֶרֶב
cesar (vt)	lehafsik	לְהַפְסִיק
coger (vt)	litfos	לִתְפּוֹס
comenzar (vt)	lehatχil	לְהַתְחִיל
comparar (vt)	lehaʃvot	לְהַשְׁווֹת
comprender (vt)	lehavin	לְהָבִין
confiar (vt)	liv'toaχ	לִבְטוֹחַ
confundir (vt)	lehitbalbel	לְהִתְבַּלְבֵּל
conocer (~ a alguien)	lehakir et	לְהַכִּיר אֶת
contar (vt) (enumerar)	lispor	לִסְפּוֹר
contar con …	lismoχ al	לִסְמוֹךְ עַל
continuar (vt)	lehamʃiχ	לְהַמְשִׁיךְ
controlar (vt)	liʃlot	לִשְׁלוֹט
correr (vi)	laruts	לָרוּץ
costar (vt)	la'alot	לַעֲלוֹת
crear (vt)	litsor	לִיצוֹר

14. Los verbos más importantes. Unidad 2

dar (vt)	latet	לָתֵת
dar una pista	lirmoz	לִרְמוֹז

decir (vt)	lomar	לוֹמַר
decorar (para la fiesta)	lekaʃet	לְקַשֵׁט
defender (vt)	lehagen	לְהָגֵן
dejar caer	lehapil	לְהַפִּיל
desayunar (vi)	le'eχol aruχat 'boker	לֶאֱכוֹל אֲרוּחַת בּוֹקֶר
descender (vi)	la'redet	לָרֶדֶת

dirigir (administrar)	lenahel	לְנַהֵל
disculpar (vt)	lis'loaχ	לִסְלוֹחַ
disculparse (vr)	lehitnatsel	לְהִתְנַצֵּל
discutir (vt)	ladun	לָדוּן
dudar (vt)	lefakpek	לְפַקְפֵּק

encontrar (hallar)	limtso	לִמְצוֹא
engañar (vi, vt)	leramot	לְרַמּוֹת
entrar (vi)	lehikanes	לְהִיכָּנֵס
enviar (vt)	liʃ'loaχ	לִשְׁלוֹחַ
equivocarse (vr)	lit'ot	לִטְעוֹת
escoger (vt)	livχor	לִבְחוֹר
esconder (vt)	lehastir	לְהַסְתִּיר
escribir (vt)	liχtov	לִכְתּוֹב
esperar (aguardar)	lehamtin	לְהַמְתִּין

esperar (tener esperanza)	lekavot	לְקַוּוֹת
estar (vi)	lihyot	לִהְיוֹת
estar de acuerdo	lehaskim	לְהַסְכִּים
estudiar (vt)	lilmod	לִלְמוֹד

exigir (vt)	lidroʃ	לִדְרוֹשׁ
existir (vi)	lehitkayem	לְהִתְקַיֵּם
explicar (vt)	lehasbir	לְהַסְבִּיר
faltar (a las clases)	lehaχsir	לְהַחְסִיר
firmar (~ el contrato)	laχtom	לַחְתּוֹם
girar (~ a la izquierda)	lifnot	לִפְנוֹת
gritar (vi)	lits'ok	לִצְעוֹק
guardar (conservar)	liʃmor	לִשְׁמוֹר
gustar (vi)	limtso χen be'ei'nayim	לִמְצוֹא חֵן בְּעֵינַיִים
hablar (vi, vt)	ledaber	לְדַבֵּר

hacer (vt)	la'asot	לַעֲשׂוֹת
informar (vt)	leho'dia	לְהוֹדִיעַ
insistir (vi)	lehit'akeʃ	לְהִתְעַקֵּשׁ
insultar (vt)	leha'aliv	לְהַעֲלִיב

interesarse (vr)	lehit'anyen be…	לְהִתְעַנְיֵין בְּ…
invitar (vt)	lehazmin	לְהַזְמִין
ir (a pie)	la'leχet	לָלֶכֶת
jugar (divertirse)	lesaχek	לְשַׂחֵק

15. Los verbos más importantes. Unidad 3

leer (vi, vt)	likro	לִקְרוֹא
liberar (ciudad, etc.)	leʃaχrer	לְשַׁחְרֵר
llamar (por ayuda)	likro	לִקְרוֹא

llegar (vi)	leha'gi'a	לְהַגִּיעַ
llorar (vi)	livkot	לִבְכּוֹת
matar (vt)	laharog	לַהֲרוֹג
mencionar (vt)	lehazkir	לְהַזְכִּיר
mostrar (vt)	lehar'ot	לְהַרְאוֹת
nadar (vi)	lisχot	לִשְׂחוֹת
negarse (vr)	lesarev	לְסָרֵב
objetar (vt)	lehitnaged	לְהִתְנַגֵּד
observar (vt)	litspot, lehaʃkif	לִצְפּוֹת, לְהַשְׁקִיף
oír (vt)	liʃmo'a	לִשְׁמוֹעַ
olvidar (vt)	liʃkoaχ	לִשְׁכּוֹחַ
orar (vi)	lehitpalel	לְהִתְפַּלֵּל
ordenar (mil.)	lifkod	לִפְקוֹד
pagar (vi, vt)	leʃalem	לְשַׁלֵּם
pararse (vr)	la'atsor	לַעֲצוֹר
participar (vi)	lehiʃtatef	לְהִשְׁתַּתֵּף
pedir (ayuda, etc.)	levakeʃ	לְבַקֵּשׁ
pedir (en restaurante)	lehazmin	לְהַזְמִין
pensar (vi, vt)	laχʃov	לַחְשׁוֹב
percibir (ver)	lasim lev	לָשִׂים לֵב
perdonar (vt)	lis'loaχ	לִסְלוֹחַ
permitir (vt)	leharʃot	לְהַרְשׁוֹת
pertenecer a ...	lehiʃtayeχ	לְהִשְׁתַּיֵּךְ
planear (vt)	letaχnen	לְתַכְנֵן
poder (v aux)	yaχol	יָכוֹל
poseer (vt)	lihyot 'ba'al ʃel	לִהְיוֹת בַּעַל שֶׁל
preferir (vt)	leha'adif	לְהַעֲדִיף
preguntar (vt)	liʃol	לִשְׁאוֹל
preparar (la cena)	levaʃel	לְבַשֵּׁל
prever (vt)	laχazot	לַחֲזוֹת
probar, tentar (vt)	lenasot	לְנַסּוֹת
prometer (vt)	lehav'tiaχ	לְהַבְטִיחַ
pronunciar (vt)	levate	לְבַטֵּא
proponer (vt)	leha'tsi'a	לְהַצִּיעַ
quebrar (vt)	liʃbor	לִשְׁבּוֹר
quejarse (vr)	lehitlonen	לְהִתְלוֹנֵן
querer (amar)	le'ehov	לֶאֱהוֹב
querer (desear)	lirtsot	לִרְצוֹת

16. Los verbos más importantes. Unidad 4

recomendar (vt)	lehamlits	לְהַמְלִיץ
regañar, reprender (vt)	linzof	לִנְזוֹף
reírse (vr)	litsχok	לִצְחוֹק
repetir (vt)	laχazor al	לַחֲזוֹר עַל
reservar (~ una mesa)	lehazmin meroʃ	לְהַזְמִין מֵרֹאשׁ

| responder (vi, vt) | la'anot | לַעֲנוֹת |

robar (vt)	lignov	לִגְנוֹב
saber (~ algo mas)	la'da'at	לָדַעַת
salir (vi)	latset	לָצֵאת
salvar (vt)	lehatsil	לְהַצִּיל
seguir ...	la'akov axarei	לַעֲקוֹב אַחֲרֵי
sentarse (vr)	lehityaʃev	לְהִתְיַשֵּׁב

ser (vi)	lihyot	לִהְיוֹת
ser necesario	lehidareʃ	לְהִידָרֵשׁ
significar (vt)	lomar	לוֹמַר
sonreír (vi)	lexayex	לְחַיֵּךְ
sorprenderse (vr)	lehitpale	לְהִתְפַּלֵּא

subestimar (vt)	leham'it be"erex	לְהַמְעִיט בְּעֶרֶךְ
tener (vt)	lehaxzik	לְהַחֲזִיק
tener hambre	lihyot ra'ev	לִהְיוֹת רָעֵב
tener miedo	lefaxed	לְפַחֵד

tener prisa	lemaher	לְמַהֵר
tener sed	lihyot tsame	לִהְיוֹת צָמֵא
tirar, disparar (vi)	lirot	לִירוֹת
tocar (con las manos)	la'ga'at	לָגַעַת
tomar (vt)	la'kaxat	לָקַחַת
tomar nota	lirʃom	לִרְשׁוֹם

trabajar (vi)	la'avod	לַעֲבוֹד
traducir (vt)	letargem	לְתַרְגֵּם
unir (vt)	le'axed	לְאַחֵד
vender (vt)	limkor	לִמְכּוֹר
ver (vt)	lir'ot	לִרְאוֹת
volar (pájaro, avión)	la'uf	לָעוּף

LA HORA. EL CALENDARIO

17. Los días de la semana

lunes (m)	yom ʃeni	יוֹם שֵׁנִי (ז)
martes (m)	yom ʃliʃi	יוֹם שְׁלִישִׁי (ז)
miércoles (m)	yom revi'i	יוֹם רְבִיעִי (ז)
jueves (m)	yom χamiʃi	יוֹם חֲמִישִׁי (ז)
viernes (m)	yom ʃiʃi	יוֹם שִׁישִׁי (ז)
sábado (m)	ʃabat	שַׁבָּת (נ)
domingo (m)	yom riʃon	יוֹם רָאשׁוֹן (ז)
hoy (adv)	hayom	הַיּוֹם
mañana (adv)	maχar	מָחָר
pasado mañana	maχara'tayim	מָחֳרָתַיִם
ayer (adv)	etmol	אֶתְמוֹל
anteayer (adv)	ʃilʃom	שִׁלְשׁוֹם
día (m)	yom	יוֹם (ז)
día (m) de trabajo	yom avoda	יוֹם עֲבוֹדָה (ז)
día (m) de fiesta	yom χag	יוֹם חַג (ז)
día (m) de descanso	yom menuχa	יוֹם מְנוּחָה (ז)
fin (m) de semana	sof ʃa'vu'a	סוֹף שָׁבוּעַ
todo el día	kol hayom	כָּל הַיּוֹם
al día siguiente	lamaχarat	לַמָחֳרָת
dos días atrás	lifnei yo'mayim	לִפְנֵי יוֹמַיִים
en vísperas (adv)	'erev	עֶרֶב
diario (adj)	yomyomi	יוֹמְיוֹמִי
cada día (adv)	midei yom	מִדֵי יוֹם
semana (f)	ʃa'vua	שָׁבוּעַ (ז)
semana (f) pasada	baʃa'vu'a ʃe'avar	בַּשָׁבוּעַ שֶׁעָבָר
semana (f) que viene	baʃa'vu'a haba	בַּשָׁבוּעַ הַבָּא
semanal (adj)	ʃvu'i	שְׁבוּעִי
cada semana (adv)	kol ʃa'vu'a	כָּל שָׁבוּעַ
2 veces por semana	pa'a'mayim beʃa'vu'a	פַּעֲמַיִים בְּשָׁבוּעַ
todos los martes	kol yom ʃliʃi	כָּל יוֹם שְׁלִישִׁי

18. Las horas. El día y la noche

mañana (f)	'boker	בּוֹקֶר (ז)
por la mañana	ba'boker	בַּבּוֹקֶר
mediodía (m)	tsaha'rayim	צָהֳרַיִים (ז"ר)
por la tarde	aχar hatsaha'rayim	אַחַר הַצָהֳרַיִים
noche (f)	'erev	עֶרֶב (ז)
por la noche	ba''erev	בָּעֶרֶב

24

noche (f) (p.ej. 2:00 a.m.)	'laila	לַיְלָה (ז)
por la noche	ba'laila	בַּלַּיְלָה
medianoche (f)	χatsot	חֲצוֹת (נ)
segundo (m)	ʃniya	שְׁנִיָּה (נ)
minuto (m)	daka	דַּקָּה (נ)
hora (f)	ʃa‘a	שָׁעָה (נ)
media hora (f)	χatsi ʃa‘a	חֲצִי שָׁעָה (נ)
cuarto (m) de hora	'reva ʃa‘a	רֶבַע שָׁעָה (ז)
quince minutos	χameʃ esre dakot	חֲמֵשׁ עֶשְׂרֵה דַּקּוֹת
veinticuatro horas	yemama	יְמָמָה (נ)
salida (f) del sol	zriχa	זְרִיחָה (נ)
amanecer (m)	'ʃaχar	שַׁחַר (ז)
madrugada (f)	'ʃaχar	שַׁחַר (ז)
puesta (f) del sol	ʃki‘a	שְׁקִיעָה (נ)
de madrugada	mukdam ba'boker	מוּקְדָּם בַּבּוֹקֶר
esta mañana	ha'boker	הַבּוֹקֶר
mañana por la mañana	maχar ba'boker	מָחָר בַּבּוֹקֶר
esta tarde	hayom aχarei hatzaha'rayim	הַיּוֹם אַחֲרֵי הַצָּהֳרַיִם
por la tarde	aχar hatsaha'rayim	אַחַר הַצָּהֳרַיִם
mañana por la tarde	maχar aχarei hatsaha'rayim	מָחָר אַחֲרֵי הַצָּהֳרַיִם
esta noche (p.ej. 8:00 p.m.)	ha''erev	הָעֶרֶב
mañana por la noche	maχar ba''erev	מָחָר בָּעֶרֶב
a las tres en punto	baʃa‘a ʃaloʃ bediyuk	בְּשָׁעָה שָׁלוֹשׁ בְּדִיּוּק
a eso de las cuatro	bisvivot arba	בִּסְבִיבוֹת אַרְבַּע
para las doce	ad ʃteim esre	עַד שְׁתַּיִם-עֶשְׂרֵה
dentro de veinte minutos	be‘od esrim dakot	בְּעוֹד עֶשְׂרִים דַּקּוֹת
dentro de una hora	be‘od ʃa‘a	בְּעוֹד שָׁעָה
a tiempo (adv)	bazman	בַּזְמַן
… menos cuarto	'reva le…	רֶבַע לְ...
durante una hora	toχ ʃa‘a	תּוֹךְ שָׁעָה
cada quince minutos	kol 'reva ʃa‘a	כָּל רֶבַע שָׁעָה
día y noche	misaviv laʃa‘on	מִסָּבִיב לַשָּׁעוֹן

19. Los meses. Las estaciones

enero (m)	'yanuᵊar	יָנוּאָר (ז)
febrero (m)	'februᵊar	פֶבְּרוּאָר (ז)
marzo (m)	merts	מֶרְץ (ז)
abril (m)	april	אַפְּרִיל (ז)
mayo (m)	mai	מָאִי (ז)
junio (m)	'yuni	יוּנִי (ז)
julio (m)	'yuli	יוּלִי (ז)
agosto (m)	'ogust	אוֹגוּסְט (ז)
septiembre (m)	sep'tember	סֶפְּטֶמְבָּר (ז)
octubre (m)	ok'tober	אוֹקְטוֹבָּר (ז)

noviembre (m)	no'vember	נוֹבֶמבֶּר (ז)
diciembre (m)	de'tsember	דֶּצֶמבֶּר (ז)
primavera (f)	aviv	אָבִיב (ז)
en primavera	ba'aviv	בָּאָבִיב
de primavera (adj)	avivi	אָבִיבִי
verano (m)	'kayits	קַיִץ (ז)
en verano	ba'kayits	בַּקַּיִץ
de verano (adj)	ketsi	קֵיצִי
otoño (m)	stav	סְתָיו (ז)
en otoño	bestav	בִּסְתָיו
de otoño (adj)	stavi	סְתָווִי
invierno (m)	'xoref	חוֹרֶף (ז)
en invierno	ba'xoref	בַּחוֹרֶף
de invierno (adj)	xorpi	חוֹרְפִּי
mes (m)	'xodeʃ	חוֹדֶש (ז)
este mes	ha'xodeʃ	הַחוֹדֶש
al mes siguiente	ba'xodeʃ haba	בַּחוֹדֶש הַבָּא
el mes pasado	ba'xodeʃ ʃe'avar	בַּחוֹדֶש שֶׁעָבָר
hace un mes	lifnei 'xodeʃ	לִפְנֵי חוֹדֶש
dentro de un mes	be'od 'xodeʃ	בְּעוֹד חוֹדֶש
dentro de dos meses	be'od xod'ʃayim	בְּעוֹד חוֹדְשַׁיִים
todo el mes	kol ha'xodeʃ	כָּל הַחוֹדֶש
todo un mes	kol ha'xodeʃ	כָּל הַחוֹדֶש
mensual (adj)	xodʃi	חוֹדְשִׁי
mensualmente (adv)	xodʃit	חוֹדְשִׁית
cada mes	kol 'xodeʃ	כָּל חוֹדֶש
dos veces por mes	pa'a'mayim be'xodeʃ	פַּעֲמַיִים בְּחוֹדֶש
año (m)	ʃana	שָׁנָה (נ)
este año	haʃana	הַשָּׁנָה
el próximo año	baʃana haba'a	בַּשָּׁנָה הַבָּאָה
el año pasado	baʃana ʃe'avra	בַּשָּׁנָה שֶׁעָבְרָה
hace un año	lifnei ʃana	לִפְנֵי שָׁנָה
dentro de un año	be'od ʃana	בְּעוֹד שָׁנָה
dentro de dos años	be'od ʃna'tayim	בְּעוֹד שְׁנָתַיִים
todo el año	kol haʃana	כָּל הַשָּׁנָה
todo un año	kol haʃana	כָּל הַשָּׁנָה
cada año	kol ʃana	כָּל שָׁנָה
anual (adj)	ʃnati	שְׁנָתִי
anualmente (adv)	midei ʃana	מִדֵּי שָׁנָה
cuatro veces por año	arba pa'amim be'xodeʃ	אַרְבַּע פְּעָמִים בְּחוֹדֶש
fecha (f) (la ~ de hoy es …)	ta'arix	תַּאֲרִיךְ (ז)
fecha (f) (~ de entrega)	ta'arix	תַּאֲרִיךְ (ז)
calendario (m)	'luax ʃana	לוּחַ שָׁנָה (ז)
medio año (m)	xatsi ʃana	חֲצִי שָׁנָה (ז)
seis meses	ʃiʃa xodaʃim, xatsi ʃana	חֲצִי שָׁנָה, שִׁישָׁה חוֹדָשִׁים

| estación (f) | ona | עוֹנָה (נ) |
| siglo (m) | 'me'a | מֵאָה (נ) |

EL VIAJE. EL HOTEL

20. Las vacaciones. El viaje

turismo (m)	tayarut	תַּיָּירוּת (נ)
turista (m)	tayar	תַּיָּיר (ז)
viaje (m)	tiyul	טִיוּל (ז)
aventura (f)	harpatka	הַרְפַּתְקָה (נ)
viaje (m) (p.ej. ~ en coche)	nesi'a	נְסִיעָה (נ)
vacaciones (f pl)	χuʃʃa	חוּפְשָׁה (נ)
estar de vacaciones	lihyot beχuʃʃa	לִהְיוֹת בְּחוּפְשָׁה
descanso (m)	menuχa	מְנוּחָה (נ)
tren (m)	ra'kevet	רַכֶּבֶת (נ)
en tren	bera'kevet	בְּרַכֶּבֶת
avión (m)	matos	מָטוֹס (ז)
en avión	bematos	בְּמָטוֹס
en coche	bemeχonit	בִּמְכוֹנִית
en barco	be'oniya	בָּאֳנִיָּה
equipaje (m)	mit'an	מִטְעָן (ז)
maleta (f)	mizvada	מִזְוָדָה (נ)
carrito (m) de equipaje	eglat mit'an	עֶגְלַת מִטְעָן (נ)
pasaporte (m)	darkon	דַּרְכּוֹן (ז)
visado (m)	'viza, aʃra	וִיזָה, אַשְׁרָה (נ)
billete (m)	kartis	כַּרְטִיס (ז)
billete (m) de avión	kartis tisa	כַּרְטִיס טִיסָה (ז)
guía (f) (libro)	madriχ	מַדְרִיךְ (ז)
mapa (m)	mapa	מַפָּה (נ)
área (f) (~ rural)	ezor	אֵזוֹר (ז)
lugar (m)	makom	מָקוֹם (ז)
exotismo (m)	ek'zotika	אֶקְזוֹטִיקָה (נ)
exótico (adj)	ek'zoti	אֶקְזוֹטִי
asombroso (adj)	nifla	נִפְלָא
grupo (m)	kvutsa	קְבוּצָה (נ)
excursión (f)	tiyul	טִיוּל (ז)
guía (m) (persona)	madriχ tiyulim	מַדְרִיךְ טִיּוּלִים (ז)

21. El hotel

hotel (m)	malon	מָלוֹן (ז)
motel (m)	motel	מוֹטֶל (ז)
de tres estrellas	ʃloʃa koχavim	שְׁלוֹשָׁה כּוֹכָבִים

| de cinco estrellas | χamiʃa koχavim | חֲמִישָׁה כּוֹכָבִים |
| hospedarse (vr) | lehit'aχsen | לְהִתְאַכְסֵן |

habitación (f)	'χeder	חֶדֶר (ז)
habitación (f) individual	'χeder yaχid	חֶדֶר יָחִיד (ז)
habitación (f) doble	'χeder zugi	חֶדֶר זוּגִי (ז)
reservar una habitación	lehazmin 'χeder	לְהַזְמִין חֶדֶר

| media pensión (f) | χatsi pensiyon | חֲצִי פֶּנְסִיוֹן (ז) |
| pensión (f) completa | pensyon male | פֶּנְסִיוֹן מָלֵא (ז) |

con baño	im am'batya	עִם אַמְבַּטְיָה
con ducha	im mik'laχat	עִם מִקְלַחַת
televisión (f) satélite	tele'vizya bekvalim	טֶלֶוִויזְיָה בְּכְבָלִים (נ)
climatizador (m)	mazgan	מַזְגָן (ז)
toalla (f)	ma'gevet	מַגֶּבֶת (נ)
llave (f)	maf'teaχ	מַפְתֵחַ (ז)

administrador (m)	amarkal	אֲמַרְכָּל (ז)
camarera (f)	χadranit	חַדְרָנִית (נ)
maletero (m)	sabal	סַבָּל (ז)
portero (m)	pakid kabala	פְּקִיד קַבָּלָה (ז)

restaurante (m)	mis'ada	מִסְעָדָה (נ)
bar (m)	bar	בָּר (ז)
desayuno (m)	aruχat 'boker	אֲרוּחַת בּוֹקֶר (נ)
cena (f)	aruχat 'erev	אֲרוּחַת עֶרֶב (נ)
buffet (m) libre	miznon	מִזְנוֹן (ז)

| vestíbulo (m) | 'lobi | לוֹבִּי (ז) |
| ascensor (m) | ma'alit | מַעֲלִית (נ) |

| NO MOLESTAR | lo lehaf'ri'a | לֹא לְהַפְרִיעַ |
| PROHIBIDO FUMAR | asur le'aʃen! | אָסוּר לְעַשֵׁן! |

22. El turismo. La excursión

monumento (m)	an'darta	אַנְדַּרְטָה (נ)
fortaleza (f)	mivtsar	מִבְצָר (ז)
palacio (m)	armon	אַרְמוֹן (ז)
castillo (m)	tira	טִירָה (נ)
torre (f)	migdal	מִגְדָל (ז)
mausoleo (m)	ma'uzo'le'um	מָאוֹזוֹלֵיאוֹם (ז)

arquitectura (f)	adriχalut	אַדְרִיכָלוּת (נ)
medieval (adj)	benaimi	בֵּינַיימִי
antiguo (adj)	atik	עַתִּיק
nacional (adj)	le'umi	לְאוּמִי
conocido (adj)	mefursam	מְפוּרְסָם

turista (m)	tayar	תַּיָיר (ז)
guía (m) (persona)	madriχ tiyulim	מַדְרִיךְ טִיוּלִים (ז)
excursión (f)	tiyul	טִיוּל (ז)
mostrar (vt)	lehar'ot	לְהַרְאוֹת

contar (una historia)	lesaper	לְסַפֵּר
encontrar (hallar)	limtso	לִמְצוֹא
perderse (vr)	la'leχet le'ibud	לָלֶכֶת לְאִיבּוּד
plano (m) (~ de metro)	mapa	מַפָּה (נ)
mapa (m) (~ de la ciudad)	tarʃim	תַּרְשִׁים (ז)

recuerdo (m)	maz'keret	מַזְכֶּרֶת (נ)
tienda (f) de regalos	χanut matanot	חֲנוּת מַתָּנוֹת (נ)
hacer fotos	letsalem	לְצַלֵם
fotografiarse (vr)	lehitstalem	לְהִצְטַלֵם

EL TRANSPORTE

23. El aeropuerto

aeropuerto (m)	nemal te'ufa	נְמַל תְּעוּפָה (ז)
avión (m)	matos	מָטוֹס (ז)
compañía (f) aérea	xevrat te'ufa	חֶבְרַת תְּעוּפָה (נ)
controlador (m) aéreo	bakar tisa	בַּקָּר טִיסָה (ז)
despegue (m)	hamra'a	הַמְרָאָה (נ)
llegada (f)	nexita	נְחִיתָה (נ)
llegar (en avión)	leha'gi'a betisa	לְהַגִּיעַ בְּטִיסָה
hora (f) de salida	zman hamra'a	זְמַן הַמְרָאָה (ז)
hora (f) de llegada	zman nexita	זְמַן נְחִיתָה (ז)
retrasarse (vr)	lehit'akev	לְהִתְעַכֵּב
retraso (m) de vuelo	ikuv hatisa	עִיכּוּב הַטִּיסָה (ז)
pantalla (f) de información	'luax meida	לוּחַ מֵידָע (ז)
información (f)	meida	מֵידָע (ז)
anunciar (vt)	leho'dia	לְהוֹדִיעַ
vuelo (m)	tisa	טִיסָה (נ)
aduana (f)	'mexes	מֶכֶס (ז)
aduanero (m)	pakid 'mexes	פָּקִיד מֶכֶס (ז)
declaración (f) de aduana	hatsharat mexes	הַצְהָרַת מֶכֶס (נ)
rellenar (vt)	lemale	לְמַלֵּא
rellenar la declaración	lemale 'tofes hatshara	לְמַלֵּא טוֹפֶס הַצהָרָה
control (m) de pasaportes	bdikat darkonim	בְּדִיקַת דַּרְכּוֹנִים (נ)
equipaje (m)	kvuda	כְּבוּדָה (נ)
equipaje (m) de mano	kvudat yad	כְּבוּדַת יָד (נ)
carrito (m) de equipaje	eglat kvuda	עֶגְלַת כְּבוּדָה (נ)
aterrizaje (m)	nexita	נְחִיתָה (נ)
pista (f) de aterrizaje	maslul nexita	מַסְלוּל נְחִיתָה (ז)
aterrizar (vi)	linxot	לִנְחוֹת
escaleras (f pl) (de avión)	'keveʃ	כֶּבֶשׁ (ז)
facturación (f) (check-in)	tʃek in	צֶ׳ק אִין (ז)
mostrador (m) de facturación	dalpak tʃek in	דֶּלְפָּק צֶ׳ק אִין (ז)
hacer el check-in	leva'tse'a tʃek in	לְבַצֵּעַ צֶ׳ק אִין
tarjeta (f) de embarque	kartis aliya lematos	כַּרְטִיס עֲלִיָּה לְמָטוֹס (ז)
puerta (f) de embarque	'ʃa'ar yetsi'a	שַׁעַר יְצִיאָה (ז)
tránsito (m)	ma'avar	מַעֲבָר (ז)
esperar (aguardar)	lehamtin	לְהַמְתִּין
zona (f) de preembarque	traklin tisa	טְרַקְלִין טִיסָה (ז)

despedir (vt)	lelavot	לְלַוּוֹת
despedirse (vr)	lomar lehitra'ot	לוֹמַר לְהִתְרָאוֹת

24. El avión

avión (m)	matos	מָטוֹס (ז)
billete (m) de avión	kartis tisa	כַּרְטִיס טִיסָה (ז)
compañía (f) aérea	xevrat te'ufa	חֶבְרַת תְּעוּפָה (נ)
aeropuerto (m)	nemal te'ufa	נְמַל תְּעוּפָה (ז)
supersónico (adj)	al koli	עַל קוֹלִי
comandante (m)	kabarnit	קַבַּרְנִיט (ז)
tripulación (f)	'tsevet	צֶוֶת (ז)
piloto (m)	tayas	טַיָּס (ז)
azafata (f)	da'yelet	דַּיֶּלֶת (נ)
navegador (m)	navat	נַוָּט (ז)
alas (f pl)	kna'fayim	כְּנָפַיִם (נ"ר)
cola (f)	zanav	זָנָב (ז)
cabina (f)	'kokpit	קוֹקְפִּיט (ז)
motor (m)	ma'no'a	מָנוֹעַ (ז)
tren (m) de aterrizaje	kan nesi'a	כַּן נְסִיעָה (ז)
turbina (f)	tur'bina	טוּרְבִּינָה (נ)
hélice (f)	madxef	מַדְחֵף (ז)
caja (f) negra	kufsa ʃxora	קוּפְסָה שְׁחוֹרָה (נ)
timón (m)	'hege	הֶגֶה (ז)
combustible (m)	'delek	דֶּלֶק (ז)
instructivo (m) de seguridad	hora'ot betixut	הוֹרָאוֹת בְּטִיחוּת (נ"ר)
respirador (m) de oxígeno	masexat xamtsan	מַסֵּכַת חַמְצָן (נ)
uniforme (m)	madim	מַדִּים (ז"ר)
chaleco (m) salvavidas	xagorat hatsala	חֲגוֹרַת הַצָּלָה (נ)
paracaídas (m)	mitsnax	מִצְנָח (ז)
despegue (m)	hamra'a	הַמְרָאָה (נ)
despegar (vi)	lehamri	לְהַמְרִיא
pista (f) de despegue	maslul hamra'a	מַסְלוּל הַמְרָאָה (ז)
visibilidad (f)	re'ut	רְאוּת (נ)
vuelo (m)	tisa	טִיסָה (נ)
altura (f)	'gova	גּוֹבַה (ז)
pozo (m) de aire	kis avir	כִּיס אֲוִויר (ז)
asiento (m)	moʃav	מוֹשָׁב (ז)
auriculares (m pl)	ozniyot	אוֹזְנִיּוֹת (נ"ר)
mesita (f) plegable	magaʃ mitkapel	מַגָּשׁ מִתְקַפֵּל (ז)
ventana (f)	tsohar	צֹהַר (ז)
pasillo (m)	ma'avar	מַעֲבָר (ז)

25. El tren

tren (m)	ra'kevet	רַכֶּבֶת (נ)
tren (m) de cercanías	ra'kevet parvarim	רַכֶּבֶת פַּרְבָרִים (נ)

tren (m) rápido	ra'kevet mehira	רַכֶּבֶת מְהִירָה (נ)
locomotora (f) diésel	katar 'dizel	קַטָּר דִּיזֶל (ז)
tren (m) de vapor	katar	קַטָּר (ז)
coche (m)	karon	קָרוֹן (ז)
coche (m) restaurante	kron mis'ada	קרוֹן מִסְעָדָה (ז)
rieles (m pl)	mesilot	מְסִילוֹת (נ"ר)
ferrocarril (m)	mesilat barzel	מְסִילַת בַּרְזֶל (נ)
traviesa (f)	'eden	אֶדֶן (ז)
plataforma (f)	ratsif	רָצִיף (ז)
vía (f)	mesila	מְסִילָה (נ)
semáforo (m)	ramzor	רַמְזוֹר (ז)
estación (f)	taχana	תַּחֲנָה (נ)
maquinista (m)	nahag ra'kevet	נַהַג רַכֶּבֶת (ז)
maletero (m)	sabal	סַבָּל (ז)
mozo (m) del vagón	sadran ra'kevet	סַדְרָן רַכֶּבֶת (ז)
pasajero (m)	no'se‘a	נוֹסֵעַ (ז)
revisor (m)	bodek	בּוֹדֵק (ז)
corredor (m)	prozdor	פְּרוֹזְדוֹר (ז)
freno (m) de urgencia	ma‘atsar χirum	מַעֲצַר חִירוּם (ז)
compartimiento (m)	ta	תָּא (ז)
litera (f)	dargaʃ	דַּרְגָּשׁ (ז)
litera (f) de arriba	dargaʃ elyon	דַּרְגָּשׁ עֶלְיוֹן (ז)
litera (f) de abajo	dargaʃ taχton	דַּרְגָּשׁ תַּחְתּוֹן (ז)
ropa (f) de cama	matsa‘im	מַצָּעִים (ז"ר)
billete (m)	kartis	כַּרְטִיס (ז)
horario (m)	'luaχ zmanim	לוּחַ זְמַנִּים (ז)
pantalla (f) de información	ʃelet meida	שֶׁלֶט מֵידָע (ז)
partir (vi)	latset	לָצֵאת
partida (f) (del tren)	yetsi'a	יְצִיאָה (נ)
llegar (tren)	leha'gi‘a	לְהַגִּיעַ
llegada (f)	haga‘a	הַגָּעָה (נ)
llegar en tren	leha'gi‘a bera'kevet	לְהַגִּיעַ בְּרַכֶּבֶת
tomar el tren	la'alot lera'kevet	לַעֲלוֹת לְרַכֶּבֶת
bajar del tren	la'redet mehara'kevet	לָרֶדֶת מֵהָרַכֶּבֶת
descarrilamiento (m)	hitraskut	הִתְרַסְּקוּת (נ)
descarrilarse (vr)	la'redet mipasei ra'kevet	לָרֶדֶת מִפַּסֵּי רַכֶּבֶת
tren (m) de vapor	katar	קַטָּר (ז)
fogonero (m)	masik	מַסִּיק (ז)
hogar (m)	kivʃan	כִּבְשָׁן (ז)
carbón (m)	peχam	פֶּחָם (ז)

26. El barco

| barco, buque (m) | sfina | סְפִינָה (נ) |
| navío (m) | sfina | סְפִינָה (נ) |

buque (m) de vapor	oniyat kitor	אוֹנִיַּת קִיטוֹר (נ)
motonave (f)	sfinat nahar	סְפִינַת נָהָר (נ)
trasatlántico (m)	oniyat ta'anugot	אוֹנִיַּת תַּעֲנוּגוֹת (נ)
crucero (m)	sa'yeret	סַיֶּרֶת (נ)
yate (m)	'yaxta	יַכְטָה (נ)
remolcador (m)	go'reret	גּוֹרֶרֶת (נ)
barcaza (f)	arba	אַרְבָּה (נ)
ferry (m)	ma'a'boret	מַעֲבּוֹרֶת (נ)
velero (m)	sfinat mifras	סְפִינַת מִפְרָשׂ (נ)
bergantín (m)	briganit	בְּרִיגָּנִית (נ)
rompehielos (m)	ʃo'veret 'kerax	שׁוֹבֶרֶת קֶרַח (נ)
submarino (m)	tso'lelet	צוֹלֶלֶת (נ)
bote (m) de remo	sira	סִירָה (נ)
bote (m)	sira	סִירָה (נ)
bote (m) salvavidas	sirat hatsala	סִירַת הַצָּלָה (נ)
lancha (f) motora	sirat ma'no'a	סִירַת מָנוֹע (נ)
capitán (m)	rav xovel	רַב-חוֹבֵל (ז)
marinero (m)	malax	מַלָּח (ז)
marino (m)	yamai	יַמַּאי (ז)
tripulación (f)	'tsevet	צֶוֶת (ז)
contramaestre (m)	rav malaxim	רַב-מַלָּחִים (ז)
grumete (m)	'na'ar sipun	נַעַר סִיפּוּן (ז)
cocinero (m) de abordo	tabax	טַבָּח (ז)
médico (m) del buque	rofe ha'oniya	רוֹפֵא הָאוֹנִיָּה (ז)
cubierta (f)	sipun	סִיפּוּן (ז)
mástil (m)	'toren	תּוֹרֶן (ז)
vela (f)	mifras	מִפְרָשׂ (ז)
bodega (f)	'beten oniya	בֶּטֶן אוֹנִיָּה (נ)
proa (f)	xartom	חַרְטוֹם (ז)
popa (f)	yarketei hasfina	יַרְכְּתֵי הַסְּפִינָה (ז"ר)
remo (m)	maʃot	מָשׁוֹט (ז)
hélice (f)	madxef	מַדְחֵף (ז)
camarote (m)	ta	תָּא (ז)
sala (f) de oficiales	mo'adon ktsinim	מוֹעֲדוֹן קְצִינִים (ז)
sala (f) de máquinas	xadar mexonot	חֲדַר מְכוֹנוֹת (ז)
puente (m) de mando	'geʃer hapikud	גֶּשֶׁר הַפִּיקוּד (ז)
sala (f) de radio	ta alxutan	תָּא אַלְחוּטָן (ז)
onda (f)	'teder	תֶּדֶר (ז)
cuaderno (m) de bitácora	yoman ha'oniya	יוֹמַן הָאוֹנִיָּה (ז)
anteojo (m)	miʃ'kefet	מִשְׁקֶפֶת (נ)
campana (f)	pa'amon	פַּעֲמוֹן (ז)
bandera (f)	'degel	דֶּגֶל (ז)
cabo (m) (maroma)	avot ha'oniya	עֲבוֹת הָאוֹנִיָּה (נ)
nudo (m)	'keʃer	קֶשֶׁר (ז)
pasamano (m)	ma'ake hasipun	מַעֲקֵה הַסִּיפּוּן (ז)

pasarela (f)	'keveʃ	כֶּבֶשׁ (ז)
ancla (f)	'ogen	עוֹגֶן (ז)
levar ancla	leharim 'ogen	לְהָרִים עוֹגֶן
echar ancla	la'agon	לַעֲגוֹן
cadena (f) del ancla	ʃar'ʃeret ha'ogen	שַׁרְשֶׁרֶת הָעוֹגֶן (נ)
puerto (m)	namal	נָמֵל (ז)
embarcadero (m)	'mezax	מֵזַח (ז)
amarrar (vt)	la'agon	לַעֲגוֹן
desamarrar (vt)	lehaflig	לְהַפְלִיג
viaje (m)	masa, tiyul	מַסָע (ז), טִיוּל (ז)
crucero (m) (viaje)	'ʃayit	שַׁיִט (ז)
derrota (f) (rumbo)	kivun	כִּיווּן (ז)
itinerario (m)	nativ	נָתִיב (ז)
canal (m) navegable	nativ 'ʃayit	נְתִיב שַׁיִט (ז)
bajío (m)	sirton	שִׂרְטוֹן (ז)
encallar (vi)	la'alot al hasirton	לַעֲלוֹת עַל הַשִׂרְטוֹן
tempestad (f)	sufa	סוּפָה (נ)
señal (f)	ot	אוֹת (ז)
hundirse (vr)	lit'bo'a	לִטְבּוֹעַ
¡Hombre al agua!	adam ba'mayim!	אָדָם בַּמַיִם!
SOS	kri'at hatsala	קְרִיאַת הַצָּלָה
aro (m) salvavidas	galgal hatsala	גַּלְגַּל הַצָּלָה (ז)

LA CIUDAD

27. El transporte urbano

autobús (m)	'otobus	אוֹטוֹבּוּס (ז)
tranvía (m)	ra'kevet kala	רַכֶּבֶת קַלָּה (נ)
trolebús (m)	tro'leibus	טְרוֹלֵייבּוּס (ז)
itinerario (m)	maslul	מַסְלוּל (ז)
número (m)	mispar	מִסְפָּר (ז)

ir en …	lin'so'a be…	לִנְסוֹעַ בְּ...
tomar (~ el autobús)	la'alot	לַעֲלוֹת
bajar (~ del tren)	la'redet mi…	לָרֶדֶת מְ...

parada (f)	taχana	תַּחֲנָה (נ)
próxima parada (f)	hataχana haba'a	הַתַּחֲנָה הַבָּאָה (נ)
parada (f) final	hataχana ha'aχrona	הַתַּחֲנָה הָאַחֲרוֹנָה (נ)
horario (m)	'luaχ zmanim	לוּחַ זְמַנִּים (ז)
esperar (aguardar)	lehamtin	לְהַמְתִּין

billete (m)	kartis	כַּרְטִיס (ז)
precio (m) del billete	meχir hanesiya	מְחִיר הַנְּסִיעָה (ז)

cajero (m)	kupai	קוּפַּאי (ז)
control (m) de billetes	bi'koret kartisim	בִּיקּוֹרֶת כַּרְטִיסִים (נ)
revisor (m)	mevaker	מְבַקֵּר (ז)

llegar tarde (vi)	le'aχer	לְאַחֵר
perder (~ el tren)	lefasfes	לְפַסְפֵס
tener prisa	lemaher	לְמַהֵר

taxi (m)	monit	מוֹנִית (נ)
taxista (m)	nahag monit	נֶהַג מוֹנִית (ז)
en taxi	bemonit	בְּמוֹנִית
parada (f) de taxi	taχanat moniyot	תַּחֲנַת מוֹנִיּוֹת (נ)
llamar un taxi	lehazmin monit	לְהַזְמִין מוֹנִית
tomar un taxi	la'kaχat monit	לָקַחַת מוֹנִית

tráfico (m)	tnu'a	תְּנוּעָה (נ)
atasco (m)	pkak	פְּקָק (ז)
horas (f pl) de punta	ʃa'ot 'omes	שְׁעוֹת עוֹמֶס (נ"ר)
aparcar (vi)	laχanot	לַחֲנוֹת
aparcar (vt)	lehaχnot	לְהַחֲנוֹת
aparcamiento (m)	χanaya	חֲנָיָה (נ)

metro (m)	ra'kevet taχtit	רַכֶּבֶת תַּחְתִּית (נ)
estación (f)	taχana	תַּחֲנָה (נ)
ir en el metro	lin'so'a betaχtit	לִנְסוֹעַ בְּתַחְתִּית
tren (m)	ra'kevet	רַכֶּבֶת (נ)
estación (f)	taχanat ra'kevet	תַּחֲנַת רַכֶּבֶת (נ)

28. La ciudad. La vida en la ciudad

ciudad (f)	ir	עִיר (נ)
capital (f)	ir bira	עִיר בִּירָה (נ)
aldea (f)	kfar	כְּפָר (ז)
plano (m) de la ciudad	mapat ha'ir	מַפַּת הָעִיר (נ)
centro (m) de la ciudad	merkaz ha'ir	מֶרְכַּז הָעִיר (ז)
suburbio (m)	parvar	פַּרְווָר (ז)
suburbano (adj)	parvari	פַּרְווָרִי
arrabal (m)	parvar	פַּרְווָר (ז)
afueras (f pl)	svivot	סְבִיבוֹת (נ"ר)
barrio (m)	ʃχuna	שְׁכוּנָה (נ)
zona (f) de viviendas	ʃχunat megurim	שְׁכוּנַת מְגוּרִים (נ)
tráfico (m)	tnu'a	תְּנוּעָה (נ)
semáforo (m)	ramzor	רַמְזוֹר (ז)
transporte (m) urbano	taχbura ʦiburit	תַּחְבּוּרָה צִיבּוּרִית (נ)
cruce (m)	'ʦomet	צוֹמֶת (ז)
paso (m) de peatones	ma'avar χaʦaya	מַעֲבָר חֲצָיָה (ז)
paso (m) subterráneo	ma'avar tat karka'i	מַעֲבָר תַּת־קַרְקָעִי (ז)
cruzar (vt)	laχaʦot	לַחֲצוֹת
peatón (m)	holeχ 'regel	הוֹלֵךְ רֶגֶל (ז)
acera (f)	midraχa	מִדְרָכָה (נ)
puente (m)	'geʃer	גֶּשֶׁר (ז)
muelle (m)	ta'yelet	טַיֶּלֶת (נ)
fuente (f)	mizraka	מִזְרָקָה (נ)
alameda (f)	sdera	שְׂדֵרָה (נ)
parque (m)	park	פַּארק (ז)
bulevar (m)	sdera	שְׂדֵרָה (נ)
plaza (f)	kikar	כִּיכָּר (נ)
avenida (f)	reχov raʃi	רְחוֹב רָאשִׁי (ז)
calle (f)	reχov	רְחוֹב (ז)
callejón (m)	simta	סִמְטָה (נ)
callejón (m) sin salida	mavoi satum	מָבוֹי סָתוּם (ז)
casa (f)	'bayit	בַּיִת (ז)
edificio (m)	binyan	בִּנְיָן (ז)
rascacielos (m)	gored ʃχakim	גּוֹרֵד שְׁחָקִים (ז)
fachada (f)	χazit	חֲזִית (נ)
techo (m)	gag	גַּג (ז)
ventana (f)	χalon	חַלּוֹן (ז)
arco (m)	'keʃet	קֶשֶׁת (נ)
columna (f)	amud	עַמּוּד (ז)
esquina (f)	pina	פִּינָה (נ)
escaparate (f)	χalon ra'ava	חַלּוֹן רַאֲווָה (ז)
letrero (m) (~ luminoso)	'ʃelet	שֶׁלֶט (ז)
cartel (m)	kraza	כְּרָזָה (נ)
cartel (m) publicitario	'poster	פּוֹסְטֶר (ז)

valla (f) publicitaria	'luaχ pirsum	לוּחַ פִּרְסוּם (ז)
basura (f)	'zevel	זֶבֶל (ז)
cajón (m) de basura	paχ aʃpa	פַּח אַשְׁפָּה (ז)
tirar basura	lelaχleχ	לְלַכְלֵךְ
basurero (m)	mizbala	מִזְבָּלָה (נ)

cabina (f) telefónica	ta 'telefon	תָּא טֶלֶפוֹן (ז)
farola (f)	amud panas	עַמּוּד פָּנָס (ז)
banco (m) (del parque)	safsal	סַפְסָל (ז)

policía (m)	ʃoter	שׁוֹטֵר (ז)
policía (f) (~ nacional)	miʃtara	מִשְׁטָרָה (נ)
mendigo (m)	kabtsan	קַבְּצָן (ז)
persona (f) sin hogar	χasar 'bayit	חֲסַר בַּיִת (ז)

29. Las instituciones urbanas

tienda (f)	χanut	חֲנוּת (נ)
farmacia (f)	beit mir'kaχat	בֵּית מִרְקַחַת (ז)
óptica (f)	χanut miʃka'fayim	חֲנוּת מִשְׁקָפַיִם (נ)
centro (m) comercial	kanyon	קַנְיוֹן (ז)
supermercado (m)	super'market	סוּפֶּרְמַרְקֶט (ז)

panadería (f)	ma'afiya	מַאֲפִיָּה (נ)
panadero (m)	ofe	אוֹפֶה (ז)
pastelería (f)	χanut mamtakim	חֲנוּת מַמְתָּקִים (נ)
tienda (f) de comestibles	ma'kolet	מַכֹּלֶת (נ)
carnicería (f)	itliz	אִטְלִיז (ז)

verdulería (f)	χanut perot viyerakot	חֲנוּת פֵּירוֹת וְיָרָקוֹת (נ)
mercado (m)	ʃuk	שׁוּק (ז)

cafetería (f)	beit kafe	בֵּית קָפֶה (ז)
restaurante (m)	mis'ada	מִסְעָדָה (נ)
cervecería (f)	pab	פָּאבּ (ז)
pizzería (f)	pi'tseriya	פִּיצֶרְיָה (נ)

peluquería (f)	mispara	מִסְפָּרָה (נ)
oficina (f) de correos	'do'ar	דּוֹאַר (ז)
tintorería (f)	nikui yaveʃ	נִיקּוּי יָבֵשׁ (ז)
estudio (m) fotográfico	'studyo letsilum	סְטוּדְיוֹ לְצִילוּם (ז)

zapatería (f)	χanut na'a'layim	חֲנוּת נַעֲלַיִם (נ)
librería (f)	χanut sfarim	חֲנוּת סְפָרִים (נ)
tienda (f) deportiva	χanut sport	חֲנוּת סְפּוֹרְט (נ)

arreglos (m pl) de ropa	χanut tikun bgadim	חֲנוּת תִּיקּוּן בְּגָדִים (נ)
alquiler (m) de ropa	χanut haskarat bgadim	חֲנוּת הַשְׂכָּרַת בְּגָדִים (נ)
videoclub (m)	χanut haʃalat sratim	חֲנוּת הַשְׁאָלַת סְרָטִים (נ)

circo (m)	kirkas	קִרְקָס (ז)
zoológico (m)	gan hayot	גַּן חַיּוֹת (ז)
cine (m)	kol'no'a	קוֹלְנוֹעַ (ז)
museo (m)	muze'on	מוּזֵיאוֹן (ז)

biblioteca (f)	sifriya	סִפְרִיָּה (נ)
teatro (m)	te'atron	תֵּיאַטְרוֹן (ז)
ópera (f)	beit 'opera	בֵּית אוֹפֵּרָה (ז)
club (m) nocturno	mo'adon 'laila	מוֹעֲדוֹן לַיְלָה (ז)
casino (m)	ka'zino	קָזִינוֹ (ז)
mezquita (f)	misgad	מִסְגָּד (ז)
sinagoga (f)	beit 'kneset	בֵּית כְּנֶסֶת (ז)
catedral (f)	kated'rala	קָתֶדְרָלָה (נ)
templo (m)	mikdaʃ	מִקְדָּשׁ (ז)
iglesia (f)	knesiya	כְּנֵסִיָּה (נ)
instituto (m)	miχlala	מִכְלָלָה (נ)
universidad (f)	uni'versita	אוּנִיבֶרְסִיטָה (נ)
escuela (f)	beit 'sefer	בֵּית סֵפֶר (ז)
prefectura (f)	maχoz	מָחוֹז (ז)
alcaldía (f)	iriya	עִירִיָּה (נ)
hotel (m)	beit malon	בֵּית מָלוֹן (ז)
banco (m)	bank	בַּנְק (ז)
embajada (f)	ʃagrirut	שַׁגְרִירוּת (נ)
agencia (f) de viajes	soχnut nesi'ot	סוֹכְנוּת נְסִיעוֹת (נ)
oficina (f) de información	modi'in	מוֹדִיעִין (ז)
oficina (f) de cambio	misrad hamarat mat'be'a	מִשְׂרַד הֲמָרַת מַטְבֵּעַ (ז)
metro (m)	ra'kevet taχtit	רַכֶּבֶת תַּחְתִּית (נ)
hospital (m)	beit χolim	בֵּית חוֹלִים (ז)
gasolinera (f)	taχanat 'delek	תַּחֲנַת דֶּלֶק (נ)
aparcamiento (m)	migraʃ χanaya	מִגְרַשׁ חֲנָיָה (ז)

30. Los avisos

letrero (m) (~ luminoso)	'ʃelet	שֶׁלֶט (ז)
cartel (m) (texto escrito)	moda'a	מוֹדָעָה (נ)
pancarta (f)	'poster	פּוֹסְטֶר (ז)
señal (m) de dirección	tamrur	תַּמְרוּר (ז)
flecha (f) (signo)	χets	חֵץ (ז)
advertencia (f)	azhara	אַזְהָרָה (נ)
aviso (m)	'ʃelet azhara	שֶׁלֶט אַזְהָרָה (ז)
advertir (vt)	lehazhir	לְהַזְהִיר
día (m) de descanso	yom 'χofeʃ	יוֹם חוֹפֶשׁ (ז)
horario (m)	'luaχ zmanim	לוּחַ זְמַנִּים (ז)
horario (m) de apertura	ʃa'ot avoda	שְׁעוֹת עֲבוֹדָה (נ"ר)
¡BIENVENIDOS!	bruχim haba'im!	בְּרוּכִים הַבָּאִים!
ENTRADA	knisa	כְּנִיסָה
SALIDA	yetsi'a	יְצִיאָה
EMPUJAR	dχof	דְּחוֹף
TIRAR	mʃoχ	מְשׁוֹךְ

ABIERTO	pa'tuax	פָּתוּחַ
CERRADO	sagur	סָגוּר

MUJERES	lenaʃim	לְנָשִׁים
HOMBRES	legvarim	לְגבָרִים

REBAJAS	hanaxot	הֲנָחוֹת
SALDOS	mivtsa	מבצָע
NOVEDAD	xadaʃ!	חָדָשׁ!
GRATIS	xinam	חִינָם

¡ATENCIÓN!	sim lev!	שִׂים לֵב!
COMPLETO	ein makom panui	אֵין מָקוֹם פָּנוּי
RESERVADO	ʃamur	שָׁמוּר

ADMINISTRACIÓN	hanhala	הַנהָלָה
SÓLO PERSONAL AUTORIZADO	le'ovdim bilvad	לְעוֹבדִים בִּלבָד

CUIDADO CON EL PERRO	zehirut 'kelev noʃex!	זְהִירוּת, כֶּלֶב נוֹשֵׁך!
PROHIBIDO FUMAR	asur le'aʃen!	אָסוּר לְעַשֵׁן!
NO TOCAR	lo lagaat!	לֹא לָגַעַת!

PELIGROSO	mesukan	מְסוּכָּן
PELIGRO	sakana	סַכָּנָה
ALTA TENSIÓN	'metax ga'voha	מֶתַח גָבוֹהַ
PROHIBIDO BAÑARSE	haraxatsa asura!	הָרַחֲצָה אָסוּרָה!
NO FUNCIONA	lo oved	לֹא עוֹבֵד

INFLAMABLE	dalik	דָלִיק
PROHIBIDO	asur	אָסוּר
PROHIBIDO EL PASO	asur la'avor	אָסוּר לַעֲבוֹר
RECIÉN PINTADO	'tseva lax	צֶבַע לַח

31. Las compras

comprar (vt)	liknot	לִקנוֹת
compra (f)	kniya	קנִייָה (נ)
hacer compras	la'lexet lekniyot	לָלֶכֶת לְקנִיוֹת
compras (f pl)	arixat kniyot	עֲרִיכַת קנִיוֹת (נ)

estar abierto (tienda)	pa'tuax	פָּתוּחַ
estar cerrado	sagur	סָגוּר

calzado (m)	na'a'layim	נַעֲלַיִים (נ"ר)
ropa (f)	bgadim	בּגָדִים (ז"ר)
cosméticos (m pl)	tamrukim	תַמרוּקִים (ז"ר)
productos alimenticios	mutsrei mazon	מוּצרֵי מָזוֹן (ז"ר)
regalo (m)	matana	מַתָנָה (נ)

vendedor (m)	moxer	מוֹכֵר (ז)
vendedora (f)	mo'xeret	מוֹכֶרֶת (נ)
caja (f)	kupa	קוּפָּה (נ)
espejo (m)	mar'a	מַראָה (נ)

mostrador (m)	duχan	דּוּכָן (ז)
probador (m)	'χeder halbaʃa	חֲדַר הַלבָּשָׁה (ז)
probar (un vestido)	limdod	לִמְדּוֹד
quedar (una ropa, etc.)	lehat'im	לְהַתְאִים
gustar (vi)	limtso χen be'ei'nayim	לִמְצוֹא חֵן בָּעֵינַיִים
precio (m)	meχir	מְחִיר (ז)
etiqueta (f) de precio	tag meχir	תַּג מְחִיר (ז)
costar (vt)	la'alot	לַעֲלוֹת
¿Cuánto?	'kama?	כַּמָה?
descuento (m)	hanaχa	הֲנָחָה (נ)
no costoso (adj)	lo yakar	לֹא יָקָר
barato (adj)	zol	זוֹל
caro (adj)	yakar	יָקָר
Es caro	ze yakar	זֶה יָקָר
alquiler (m)	haskara	הַשׂכָּרָה (נ)
alquilar (vt)	liskor	לִשׂכּוֹר
crédito (m)	aʃrai	אַשׁרַאי (ז)
a crédito (adv)	be'aʃrai	בְּאַשׁרַאי

LA ROPA Y LOS ACCESORIOS

32. La ropa exterior. Los abrigos

ropa (f)	bgadim	בְּגָדִים (ז"ר)
ropa (f) de calle	levuʃ elyon	לְבוּשׁ עֶלְיוֹן (ז)
ropa (f) de invierno	bigdei 'χoref	בִּגְדֵי חוֹרֶף (ז"ר)
abrigo (m)	me'il	מְעִיל (ז)
abrigo (m) de piel	me'il parva	מְעִיל פַּרְוָה (ז)
abrigo (m) corto de piel	me'il parva kaʦar	מְעִיל פַּרְוָה קָצָר (ז)
chaqueta (f) plumón	me'il puχ	מְעִיל פּוּךְ (ז)
cazadora (f)	me'il kaʦar	מְעִיל קָצָר (ז)
impermeable (m)	me'il 'geʃem	מְעִיל גֶּשֶׁם (ז)
impermeable (adj)	amid be'mayim	עָמִיד בְּמַיִם

33. Ropa de hombre y mujer

camisa (f)	χulʦa	חוּלְצָה (נ)
pantalones (m pl)	miχna'sayim	מִכְנָסַיִם (ז"ר)
jeans, vaqueros (m pl)	miχnesei 'ʤins	מִכְנְסֵי ג'ִינְס (ז"ר)
chaqueta (f), saco (m)	ʒaket	ז'ָקֵט (ז)
traje (m)	χalifa	חֲלִיפָה (נ)
vestido (m)	simla	שִׂמְלָה (נ)
falda (f)	χaʦa'it	חֲצָאִית (נ)
blusa (f)	χulʦa	חוּלְצָה (נ)
rebeca (f), chaqueta (f) de punto	ʒaket 'ʦemer	ז'ָקֵט צֶמֶר (ז)
chaqueta (f)	ʒaket	ז'ָקֵט (ז)
camiseta (f) (T-shirt)	ti ʃert	טִי שֶׁרְט (ז)
pantalones (m pl) cortos	miχna'sayim kʦarim	מִכְנָסַיִם קְצָרִים (ז"ר)
traje (m) deportivo	'trening	טְרֶנִינְג (ז)
bata (f) de baño	χaluk raχaʦa	חָלוּק רַחְצָה (ז)
pijama (m)	pi'ʤama	פִּיג'ָ'מָה (נ)
suéter (m)	'sveder	סְוֶדֶר (ז)
pulóver (m)	afuda	אֲפוּדָה (נ)
chaleco (m)	vest	וֶסְט (ז)
frac (m)	frak	פְרָאק (ז)
esmoquin (m)	tuk'sido	טוּקְסִידוֹ (ז)
uniforme (m)	madim	מָדִים (ז"ר)
ropa (f) de trabajo	bigdei avoda	בִּגְדֵי עֲבוֹדָה (ז"ר)
mono (m)	sarbal	סַרְבָּל (ז)
bata (f) (p. ej. ~ blanca)	χaluk	חָלוּק (ז)

34. La ropa. La ropa interior

ropa (f) interior	levanim	לְבָנִים (ז"ר)
bóxer (m)	taxtonim	תַחְתּוֹנִים (ז"ר)
bragas (f pl)	taxtonim	תַחְתּוֹנִים (ז"ר)
camiseta (f) interior	gufiya	גוּפִיָּה (נ)
calcetines (m pl)	gar'bayim	גַּרְבַּיִם (ז"ר)
camisón (m)	'ktonet 'laila	כְּתוֹנֶת לַיְלָה (נ)
sostén (m)	xaziya	חֲזִיָּה (נ)
calcetines (m pl) altos	birkon	בִּרְכּוֹן (ז)
pantimedias (f pl)	garbonim	גַּרְבּוֹנִים (ז"ר)
medias (f pl)	garbei 'nailon	גַּרְבֵּי נַיְלוֹן (ז"ר)
traje (m) de baño	'beged yam	בֶּגֶד יָם (ז)

35. Gorras

gorro (m)	'kova	כּוֹבַע (ז)
sombrero (m) de fieltro	'kova 'leved	כּוֹבַע לֶבֶד (ז)
gorra (f) de béisbol	'kova 'beisbol	כּוֹבַע בֵּייסְבּוֹל (ז)
gorra (f) plana	'kova mitsxiya	כּוֹבַע מִצְחִיָּה (ז)
boina (f)	baret	בָּרֶט (ז)
capuchón (m)	bardas	בַּרְדָּס (ז)
panamá (m)	'kova 'tembel	כּוֹבַע טֶמְבֶּל (ז)
gorro (m) de punto	'kova 'gerev	כּוֹבַע גֶרֶב (ז)
pañuelo (m)	mit'paxat	מִטְפַּחַת (נ)
sombrero (m) de mujer	'kova	כּוֹבַע (ז)
casco (m) (~ protector)	kasda	קַסְדָּה (נ)
gorro (m) de campaña	kumta	כּוּמְתָה (נ)
casco (m) (~ de moto)	kasda	קַסְדָּה (נ)
bombín (m)	mig'ba'at me'u'gelet	מִגְבַּעַת מְעוּגֶלֶת (נ)
sombrero (m) de copa	tsi'linder	צִילִינְדֶר (ז)

36. El calzado

calzado (m)	han'ala	הַנְעָלָה (נ)
botas (f pl)	na'a'layim	נַעֲלַיִם (נ"ר)
zapatos (m pl)	na'a'layim	נַעֲלַיִם (נ"ר)
(~ de tacón bajo)		
botas (f pl) altas	maga'fayim	מַגָּפַיִם (ז"ר)
zapatillas (f pl)	na'alei 'bayit	נַעֲלֵי בַּיִת (נ"ר)
tenis (m pl)	na'alei sport	נַעֲלֵי סְפּוֹרְט (נ"ר)
zapatillas (f pl) de lona	na'alei sport	נַעֲלֵי סְפּוֹרְט (נ"ר)
sandalias (f pl)	sandalim	סַנְדָּלִים (ז"ר)
zapatero (m)	sandlar	סַנְדְּלָר (ז)
tacón (m)	akev	עָקֵב (ז)

par (m)	zug	זוּג (ז)
cordón (m)	sroχ	שְׂרוֹךְ (ז)
encordonar (vt)	lisroχ	לִשְׂרוֹךְ
calzador (m)	kaf naʻaʻlayim	כַּף נַעֲלַיִם (נ)
betún (m)	miʃχat naʻaʻlayim	מִשְׁחַת נַעֲלַיִם (נ)

37. Accesorios personales

guantes (m pl)	kfafot	כְּפָפוֹת (נ"ר)
manoplas (f pl)	kfafot	כְּפָפוֹת (נ"ר)
bufanda (f)	tsaʻif	צָעִיף (ז)
gafas (f pl)	miʃkaʻfayim	מִשְׁקָפַיִם (ז"ר)
montura (f)	misʻgeret	מִסְגֶּרֶת (נ)
paraguas (m)	mitriya	מִטְרִייָה (נ)
bastón (m)	makel haliχa	מַקֵּל הֲלִיכָה (ז)
cepillo (m) de pelo	mivʻreʃet seʻar	מִבְרֶשֶׁת שֵׂיעָר (נ)
abanico (m)	menifa	מְנִיפָה (נ)
corbata (f)	aniva	עֲנִיבָה (נ)
pajarita (f)	anivat parpar	עֲנִיבַת פַּרְפַּר (נ)
tirantes (m pl)	ktefiyot	כְּתֵפִיּוֹת (נ"ר)
moquero (m)	mimχata	מִמְחָטָה (נ)
peine (m)	masrek	מַסְרֵק (ז)
pasador (m) de pelo	sikat roʃ	סִיכַּת רֹאשׁ (נ)
horquilla (f)	sikat seʻar	סִיכַּת שֵׂעָר (נ)
hebilla (f)	avzam	אַבְזָם (ז)
cinturón (m)	χagora	חֲגוֹרָה (נ)
correa (f) (de bolso)	retsuʻat katef	רְצוּעַת כָּתֵף (נ)
bolsa (f)	tik	תִּיק (ז)
bolso (m)	tik	תִּיק (ז)
mochila (f)	tarmil	תַּרְמִיל (ז)

38. La ropa. Miscelánea

moda (f)	ofna	אוֹפְנָה (נ)
de moda (adj)	ofnati	אוֹפְנָתִי
diseñador (m) de moda	meʻatsev ofna	מְעַצֵּב אוֹפְנָה (ז)
cuello (m)	tsavaron	צַוָּוארוֹן (ז)
bolsillo (m)	kis	כִּיס (ז)
de bolsillo (adj)	ʃel kis	שֶׁל כִּיס
manga (f)	ʃarvul	שַׁרְווּל (ז)
presilla (f)	mitle	מִתְלֶה (ז)
bragueta (f)	χanut	חֲנוּת (נ)
cremallera (f)	roχsan	רוֹכְסָן (ז)
cierre (m)	ʻkeres	קֶרֶס (ז)
botón (m)	kaftor	כַּפְתּוֹר (ז)

ojal (m)	lula'a	לוּלָאָה (נ)
saltar (un botón)	lehitaleʃ	לְהִיתָלֵשׁ
coser (vi, vt)	litpor	לִתְפּוֹר
bordar (vt)	lirkom	לִרְקוֹם
bordado (m)	rikma	רִקְמָה (נ)
aguja (f)	'maχat tfira	מַחַט תְּפִירָה (נ)
hilo (m)	χut	חוּט (ז)
costura (f)	'tefer	תֶּפֶר (ז)
ensuciarse (vr)	lehitlaχleχ	לְהִתְלַכְלֵךְ
mancha (f)	'ketem	כֶּתֶם (ז)
arrugarse (vr)	lehitkamet	לְהִתְקַמֵט
rasgar (vt)	lik'ro'a	לִקְרוֹעַ
polilla (f)	aʃ	עָשׁ (ז)

39. Productos personales. Cosméticos

pasta (f) de dientes	miʃχat ʃi'nayim	מִשְׁחַת שִׁנַּיִים (נ)
cepillo (m) de dientes	miv'reʃet ʃi'nayim	מִבְרֶשֶׁת שִׁנַּיִים (נ)
limpiarse los dientes	letsaχ'tseaχ ʃi'nayim	לְצַחְצֵחַ שִׁנַּיִים
maquinilla (f) de afeitar	'ta'ar	תַּעַר (ז)
crema (f) de afeitar	'ketsef gi'luaχ	קֶצֶף גִּילוּחַ (ז)
afeitarse (vr)	lehitga'leaχ	לְהִתְגַּלֵחַ
jabón (m)	sabon	סַבּוֹן (ז)
champú (m)	ʃampu	שַׁמְפּוּ (ז)
tijeras (f pl)	mispa'rayim	מִסְפָּרַיִים (ז"ר)
lima (f) de uñas	ptsira	פְּצִירָה (נ)
cortaúñas (m pl)	gozez tsipor'nayim	גּוֹזֵז צִיפּוֹרְנַיִים (ז)
pinzas (f pl)	pin'tseta	פִּינְצֶטָה (נ)
cosméticos (m pl)	tamrukim	תַּמְרוּקִים (ז"ר)
mascarilla (f)	maseχa	מַסֵּכָה (נ)
manicura (f)	manikur	מָנִיקוּר (ז)
hacer la manicura	la'asot manikur	לַעֲשׂוֹת מָנִיקוּר
pedicura (f)	pedikur	פֵּדִיקוּר (ז)
bolsa (f) de maquillaje	tik ipur	תִּיק אִיפּוּר (ז)
polvos (m pl)	'pudra	פּוּדְרָה (נ)
polvera (f)	pudriya	פּוּדְרִיָּה (נ)
colorete (m), rubor (m)	'somek	סוֹמֵק (ז)
perfume (m)	'bosem	בּוֹשֶׂם (ז)
agua (f) de tocador	mei 'bosem	מֵי בּוֹשֶׂם (ז"ר)
loción (f)	mei panim	מֵי פָּנִים (ז"ר)
agua (f) de Colonia	mei 'bosem	מֵי בּוֹשֶׂם (ז"ר)
sombra (f) de ojos	tslalit	צְלָלִית (נ)
lápiz (m) de ojos	ai 'lainer	אַי לַיינֶר (ז)
rímel (m)	'maskara	מַסְקָרָה (נ)
pintalabios (m)	sfaton	שְׂפָתוֹן (ז)

esmalte (m) de uñas	'laka letsipor'nayim	לַכָּה לְצִיפּוֹרְנַיִים (נ)
fijador (m) para el pelo	tarsis lese'ar	תַּרְסִיס לְשֵׂיעָר (ז)
desodorante (m)	de'odo'rant	דֵּאוֹדוֹרַנְט (ז)
crema (f)	krem	קְרֶם (ז)
crema (f) de belleza	krem panim	קְרֶם פָּנִים (ז)
crema (f) de manos	krem ya'dayim	קְרֶם יָדַיִים (ז)
crema (f) antiarrugas	krem 'neged kmatim	קְרֶם נֶגֶד קְמָטִים (ז)
crema (f) de día	krem yom	קְרֶם יוֹם (ז)
crema (f) de noche	krem 'laila	קְרֶם לַיְלָה (ז)
de día (adj)	yomi	יוֹמִי
de noche (adj)	leili	לֵילִי
tampón (m)	tampon	טַמְפּוֹן (ז)
papel (m) higiénico	neyar tu'alet	נְיַיר טוּאָלֶט (ז)
secador (m) de pelo	meyabeʃ se'ar	מְיַיבֵּשׁ שֵׂיעָר (ז)

40. Los relojes

reloj (m)	ʃe'on yad	שְׁעוֹן יָד (ז)
esfera (f)	'luax ʃa'on	לוּחַ שָׁעוֹן (ז)
aguja (f)	maxog	מָחוֹג (ז)
pulsera (f)	tsamid	צָמִיד (ז)
correa (f) (del reloj)	retsu'a leʃa'on	רְצוּעָה לְשָׁעוֹן (נ)
pila (f)	solela	סוֹלְלָה (נ)
descargarse (vr)	lehitroken	לְהִתְרוֹקֵן
cambiar la pila	lehaxlif	לְהַחֲלִיף
adelantarse (vr)	lemaher	לְמַהֵר
retrasarse (vr)	lefager	לְפַגֵּר
reloj (m) de pared	ʃe'on kir	שְׁעוֹן קִיר (ז)
reloj (m) de arena	ʃe'on xol	שְׁעוֹן חוֹל (ז)
reloj (m) de sol	ʃe'on 'ʃemeʃ	שְׁעוֹן שֶׁמֶשׁ (ז)
despertador (m)	ʃa'on me'orer	שְׁעוֹן מְעוֹרֵר (ז)
relojero (m)	ʃa'an	שְׁעָן (ז)
reparar (vt)	letaken	לְתַקֵּן

LA EXPERIENCIA DIARIA

41. El dinero

dinero (m)	'kesef	כֶּסֶף (ז)
cambio (m)	hamara	הֲמָרָה (נ)
curso (m)	'ʃaʿar χalifin	שַׁעַר חֲלִיפִין (ז)
cajero (m) automático	kaspomat	כַּספּוֹמָט (ז)
moneda (f)	mat'beʿa	מַטבֵּעַ (ז)
dólar (m)	'dolar	דוֹלָר (ז)
euro (m)	'eiro	אֵירוֹ (ז)
lira (f)	'lira	לִירָה (נ)
marco (m) alemán	mark germani	מַרק גֶרמָנִי (ז)
franco (m)	frank	פרַנק (ז)
libra esterlina (f)	'lira 'sterling	לִירָה שׁטֶרלִינג (נ)
yen (m)	yen	יֶן (ז)
deuda (f)	χov	חוֹב (ז)
deudor (m)	'baʿal χov	בַּעַל חוֹב (ז)
prestar (vt)	lehalvot	לְהַלווֹת
tomar prestado	lilvot	לִלווֹת
banco (m)	bank	בַּנק (ז)
cuenta (f)	χeʃbon	חֶשׁבּוֹן (ז)
ingresar (~ en la cuenta)	lehafkid	לְהַפקִיד
ingresar en la cuenta	lehafkid leχeʃbon	לְהַפקִיד לְחֶשׁבּוֹן
sacar de la cuenta	limʃoχ meχeʃbon	לִמשׁוֹך מֵחֶשׁבּוֹן
tarjeta (f) de crédito	kartis aʃrai	כַּרטִיס אַשׁרַאי (ז)
dinero (m) en efectivo	mezuman	מְזוּמָן
cheque (m)	tʃek	צֶ'ק (ז)
sacar un cheque	liχtov tʃek	לִכתוֹב צֶ'ק
talonario (m)	pinkas 'tʃekim	פִּנקַס צֶ'קִים (ז)
cartera (f)	arnak	אַרנָק (ז)
monedero (m)	arnak lematbe''ot	אַרנָק לְמַטבְּעוֹת (ז)
caja (f) fuerte	ka'sefet	כַּסֶפֶת (נ)
heredero (m)	yoreʃ	יוֹרֵשׁ (ז)
herencia (f)	yeruʃa	יְרוּשָׁה (נ)
fortuna (f)	'oʃer	עוֹשֶׁר (ז)
arriendo (m)	χoze sχirut	חוֹזֶה שׂכִירוּת (ז)
alquiler (m) (dinero)	sχar dira	שׂכַר דִירָה (ז)
alquilar (~ una casa)	liskor	לִשׂכּוֹר
precio (m)	meχir	מְחִיר (ז)
coste (m)	alut	עָלוּת (נ)

suma (f)	sχum	סְכוּם (ז)
gastar (vt)	lehotsi	לְהוֹצִיא
gastos (m pl)	hotsa'ot	הוֹצָאוֹת (נ"ר)
economizar (vi, vt)	laχasoχ	לַחֲסוֹך
económico (adj)	χesχoni	חֶסְכוֹנִי
pagar (vi, vt)	leʃalem	לְשַלֵם
pago (m)	taʃlum	תַשְלוּם (ז)
cambio (m) (devolver el ~)	'odef	עוֹדֶף (ז)
impuesto (m)	mas	מַס (ז)
multa (f)	knas	קְנָס (ז)
multar (vt)	liknos	לִקְנוֹס

42. La oficina de correos

oficina (f) de correos	'do'ar	דוֹאַר (ז)
correo (m) (cartas, etc.)	'do'ar	דוֹאַר (ז)
cartero (m)	davar	דָוָּר (ז)
horario (m) de apertura	ʃa'ot avoda	שָׁעוֹת עֲבוֹדָה (נ"ר)
carta (f)	miχtav	מִכְתָב (ז)
carta (f) certificada	miχtav raʃum	מִכְתָב רָשׁוּם (ז)
tarjeta (f) postal	gluya	גְלוּיָה (נ)
telegrama (m)	mivrak	מִבְרָק (ז)
paquete (m) postal	χavila	חֲבִילָה (נ)
giro (m) postal	ha'avarat ksafim	הַעֲבָרַת כְּסָפִים (נ)
recibir (vt)	lekabel	לְקַבֵּל
enviar (vt)	liʃ'loaχ	לִשְׁלוֹחַ
envío (m)	ʃliχa	שְׁלִיחָה (ז)
dirección (f)	'ktovet	כְּתוֹבֶת (נ)
código (m) postal	mikud	מִיקוּד (ז)
expedidor (m)	ʃo'leaχ	שׁוֹלֵחַ (ז)
destinatario (m)	nim'an	נִמְעָן (ז)
nombre (m)	ʃem prati	שֵׁם פְּרָטִי (ז)
apellido (m)	ʃem miʃpaχa	שֵׁם מִשְׁפָּחָה (ז)
tarifa (f)	ta'arif	תַעֲרִיף (ז)
ordinario (adj)	ragil	רָגִיל
económico (adj)	χesχoni	חֶסְכוֹנִי
peso (m)	miʃkal	מִשְׁקָל (ז)
pesar (~ una carta)	liʃkol	לִשְׁקוֹל
sobre (m)	ma'atafa	מַעֲטָפָה (נ)
sello (m)	bul 'do'ar	בּוּל דוֹאַר (ז)
poner un sello	lehadbik bul	לְהַדְבִּיק בּוּל

43. La banca

banco (m)	bank	בַּנק (ז)
sucursal (f)	snif	סְנִיף (ז)

consultor (m)	yo'ets	יוֹעֵץ (ז)
gerente (m)	menahel	מְנַהֵל (ז)
cuenta (f)	xeʃbon	חֶשְׁבּוֹן (ז)
numero (m) de la cuenta	mispar xeʃbon	מִסְפַּר חֶשְׁבּוֹן (ז)
cuenta (f) corriente	xeʃbon over vaʃav	חֶשְׁבּוֹן עוֹבֵר וָשָׁב (ז)
cuenta (f) de ahorros	xeʃbon xisaxon	חֶשְׁבּוֹן חִסָּכוֹן (ז)
abrir una cuenta	lif'toax xeʃbon	לִפְתוֹחַ חֶשְׁבּוֹן
cerrar la cuenta	lisgor xeʃbon	לִסְגוֹר חֶשְׁבּוֹן
ingresar en la cuenta	lehafkid lexeʃbon	לְהַפְקִיד לְחֶשְׁבּוֹן
sacar de la cuenta	limʃox mexeʃbon	לִמְשׁוֹךְ מֵחֶשְׁבּוֹן
depósito (m)	pikadon	פִּיקָדוֹן (ז)
hacer un depósito	lehafkid	לְהַפְקִיד
giro (m) bancario	ha'avara banka'it	הַעֲבָרָה בַּנְקָאִית (נ)
hacer un giro	leha'avir 'kesef	לְהַעֲבִיר כֶּסֶף
suma (f)	sxum	סְכוּם (ז)
¿Cuánto?	'kama?	כַּמָּה?
firma (f) (nombre)	xatima	חֲתִימָה (נ)
firmar (vt)	laxtom	לַחְתוֹם
tarjeta (f) de crédito	kartis aʃrai	כַּרְטִיס אַשְׁרַאי (ז)
código (m)	kod	קוֹד (ז)
número (m) de tarjeta de crédito	mispar kartis aʃrai	מִסְפַּר כַּרְטִיס אַשְׁרַאי (ז)
cajero (m) automático	kaspomat	כַּספּוֹמָט (ז)
cheque (m)	tʃek	צֶ'ק (ז)
sacar un cheque	lixtov tʃek	לִכְתוֹב צֶ'ק
talonario (m)	pinkas 'tʃekim	פִּנְקָס צֶ'קִים (ז)
crédito (m)	halva'a	הַלְוָאָה (נ)
pedir el crédito	levakeʃ halva'a	לְבַקֵשׁ הַלְוָאָה
obtener un crédito	lekabel halva'a	לְקַבֵּל הַלְוָאָה
conceder un crédito	lehalvot	לְהַלְווֹת
garantía (f)	arvut	עֲרֻבוֹת (נ)

44. El teléfono. Las conversaciones telefónicas

teléfono (m)	'telefon	טֶלֶפוֹן (ז)
teléfono (m) móvil	'telefon nayad	טֶלֶפוֹן נַיָּד (ז)
contestador (m)	meʃivon	מְשִׁיבוֹן (ז)
llamar, telefonear	letsaltsel	לְצַלְצֵל
llamada (f)	sixat 'telefon	שִׂיחַת טֶלֶפוֹן (נ)
marcar un número	lexayeg mispar	לְחַיֵּיג מִסְפַּר
¿Sí?, ¿Dígame?	'halo!	הָלוֹ!
preguntar (vt)	liʃol	לִשְׁאוֹל
responder (vi, vt)	la'anot	לַעֲנוֹת
oír (vt)	liʃ'mo'a	לִשְׁמוֹעַ

bien (adv)	tov	טוֹב
mal (adv)	lo tov	לֹא טוֹב
ruidos (m pl)	hafra'ot	הַפְרָעוֹת (נ"ר)
auricular (m)	ʃfo'feret	שְׁפוֹפֶרֶת (נ)
descolgar (el teléfono)	leharim ʃfo'feret	לְהָרִים שְׁפוֹפֶרֶת
colgar el auricular	leha'niaχ ʃfo'feret	לְהָנִיחַ שְׁפוֹפֶרֶת
ocupado (adj)	tafus	תָּפוּס
sonar (teléfono)	letsaltsel	לְצַלְצֵל
guía (f) de teléfonos	'sefer tele'fonim	סֵפֶר טֶלֶפוֹנִים (ז)
local (adj)	mekomi	מְקוֹמִי
llamada (f) local	siχa mekomit	שִׂיחָה מְקוֹמִית (נ)
de larga distancia	bein ironi	בֵּין עִירוֹנִי
llamada (f) de larga distancia	siχa bein ironit	שִׂיחָה בֵּין עִירוֹנִית (נ)
internacional (adj)	benle'umi	בֵּינְלְאוּמִי
llamada (f) internacional	siχa benle'umit	שִׂיחָה בֵּינְלְאוּמִית (נ)

45. El teléfono celular

teléfono (m) móvil	'telefon nayad	טֶלֶפוֹן נַיָּד (ז)
pantalla (f)	masaχ	מָסָךְ (ז)
botón (m)	kaftor	כַּפְתּוֹר (ז)
tarjeta SIM (f)	kartis sim	כַּרְטִיס סִים (ז)
pila (f)	solela	סוֹלְלָה (נ)
descargarse (vr)	lehitroken	לְהִתְרוֹקֵן
cargador (m)	mit'an	מִטְעָן (ז)
menú (m)	tafrit	תַּפְרִיט (ז)
preferencias (f pl)	hagdarot	הַגְדָּרוֹת (נ"ר)
melodía (f)	mangina	מַנְגִּינָה (נ)
seleccionar (vt)	livχor	לִבְחוֹר
calculadora (f)	maχʃevon	מַחְשְׁבוֹן (ז)
contestador (m)	ta koli	תָּא קוֹלִי (ז)
despertador (m)	ʃa'on me'orer	שָׁעוֹן מְעוֹרֵר (ז)
contactos (m pl)	anʃei 'keʃer	אַנְשֵׁי קֶשֶׁר (ז"ר)
mensaje (m) de texto	misron	מִסְרוֹן (ז)
abonado (m)	manui	מָנוּי (ז)

46. Los artículos de escritorio. La papelería

bolígrafo (m)	et kaduri	עֵט כַּדּוּרִי (ז)
pluma (f) estilográfica	et no've'a	עֵט נוֹבֵעַ (ז)
lápiz (m)	iparon	עִיפָּרוֹן (ז)
marcador (m)	'marker	מַרְקֵר (ז)
rotulador (m)	tuʃ	טוּשׁ (ז)
bloc (m) de notas	pinkas	פִּנְקָס (ז)

agenda (f)	yoman	יוֹמָן (ז)
regla (f)	sargel	סַרְגֵּל (ז)
calculadora (f)	maxʃevon	מַחְשְׁבוֹן (ז)
goma (f) de borrar	'maxak	מַחַק (ז)
chincheta (f)	'na'ats	נַעַץ (ז)
clip (m)	mehadek	מְהַדֵּק (ז)

cola (f), pegamento (m)	'devek	דֶּבֶק (ז)
grapadora (f)	ʃadxan	שַׁדְכָן (ז)
perforador (m)	menakev	מְנַקֵּב (ז)
sacapuntas (m)	maxded	מַחְדֵּד (ז)

47. Los idiomas extranjeros

lengua (f)	safa	שָׂפָה (נ)
extranjero (adj)	zar	זָר
lengua (f) extranjera	safa zara	שָׂפָה זָרָה (נ)
estudiar (vt)	lilmod	לִלְמוֹד
aprender (ingles, etc.)	lilmod	לִלְמוֹד

leer (vi, vt)	likro	לִקְרֹוא
hablar (vi, vt)	ledaber	לְדַבֵּר
comprender (vt)	lehavin	לְהָבִין
escribir (vt)	lixtov	לִכְתֹּוב

rápidamente (adv)	maher	מַהֵר
lentamente (adv)	le'at	לְאַט
con fluidez (adv)	xofʃi	חוֹפְשִׁי

reglas (f pl)	klalim	כְּלָלִים (ז"ר)
gramática (f)	dikduk	דִּקְדּוּק (ז)
vocabulario (m)	otsar milim	אוֹצַר מִילִים (ז)
fonética (f)	torat ha'hege	תּוֹרַת הַהֶגֶה (נ)

manual (m)	'sefer limud	סֵפֶר לִימוּד (ז)
diccionario (m)	milon	מִילוֹן (ז)
manual (m) autodidáctico	'sefer lelimud atsmi	סֵפֶר לְלִימוּד עַצְמִי (ז)
guía (f) de conversación	sixon	שִׂיחוֹן (ז)

casete (m)	ka'letet	קַלֶּטֶת (נ)
videocasete (f)	ka'letet 'vide'o	קַלֶּטֶת וִידֵיאוֹ (נ)
disco compacto, CD (m)	taklitor	תַּקְלִיטוֹר (ז)
DVD (m)	di vi di	דִּי. וִי. דִּי. (ז)

alfabeto (m)	alefbeit	אָלֶפְבֵּית (ז)
deletrear (vt)	le'ayet	לְאַיֵּית
pronunciación (f)	hagiya	הֲגִייָה (נ)

acento (m)	mivta	מִבְטָא (ז)
con acento	im mivta	עִם מִבְטָא
sin acento	bli mivta	בְּלִי מִבְטָא

| palabra (f) | mila | מִילָה (נ) |
| significado (m) | maʃma'ut | מַשְׁמָעוּת (נ) |

cursos (m pl)	kurs	קוּרְס (ז)
inscribirse (vr)	leheraʃem lekurs	לְהֵירָשֵׁם לְקוּרְס
profesor (m) (~ de inglés)	more	מוֹרֶה (ז)
traducción (f) (proceso)	tirgum	תִּרְגוּם (ז)
traducción (f) (texto)	tirgum	תִּרְגוּם (ז)
traductor (m)	metargem	מְתַרְגֵּם (ז)
intérprete (m)	meturgeman	מְתוּרְגְמָן (ז)
políglota (m)	poliglot	פּוֹלִיגְלוֹט (ז)
memoria (f)	zikaron	זִיכָּרוֹן (ז)

LAS COMIDAS. EL RESTAURANTE

48. Los cubiertos

cuchara (f)	kaf	כַּף (נ)
cuchillo (m)	sakin	סַכִּין (ז, נ)
tenedor (m)	mazleg	מַזְלֵג (ז)
taza (f)	'sefel	סֵפֶל (ז)
plato (m)	tsa'laχat	צַלַּחַת (נ)
platillo (m)	taχtit	תַּחְתִּית (נ)
servilleta (f)	mapit	מַפִּית (נ)
mondadientes (m)	keisam ʃi'nayim	קֵיסָם שִׁינַיִים (ז)

49. El restaurante

restaurante (m)	mis'ada	מִסְעָדָה (נ)
cafetería (f)	beit kafe	בֵּית קָפֶה (ז)
bar (m)	bar, pab	בָּר, פָּאבּ (ז)
salón (m) de té	beit te	בֵּית תֵּה (ז)
camarero (m)	meltsar	מֶלְצָר (ז)
camarera (f)	meltsarit	מֶלְצָרִית (נ)
barman (m)	'barmen	בַּרְמֶן (ז)
carta (f), menú (m)	tafrit	תַּפְרִיט (ז)
carta (f) de vinos	reʃimat yeynot	רְשִׁימַת יֵינוֹת (נ)
reservar una mesa	lehazmin ʃulχan	לְהַזְמִין שׁוּלְחָן
plato (m)	mana	מָנָה (נ)
pedir (vt)	lehazmin	לְהַזְמִין
hacer un pedido	lehazmin	לְהַזְמִין
aperitivo (m)	maʃke meta'aven	מַשְׁקֶה מְתַאֲבֵן (ז)
entremés (m)	meta'aven	מְתַאֲבֵן (ז)
postre (m)	ki'nuaχ	קִינוּחַ (ז)
cuenta (f)	χeʃbon	חֶשְׁבּוֹן (ז)
pagar la cuenta	leʃalem	לְשַׁלֵּם
dar la vuelta	latet 'odef	לָתֵת עוֹדֶף
propina (f)	tip	טִיפּ (ז)

50. Las comidas

comida (f)	'oχel	אוֹכֶל (ז)
comer (vi, vt)	le'eχol	לֶאֱכֹל

desayuno (m)	aruχat 'boker	אֲרוּחַת בּוֹקֶר (נ)
desayunar (vi)	le'eχol aruχat 'boker	לֶאֱכוֹל אֲרוּחַת בּוֹקֶר
almuerzo (m)	aruχat tsaha'rayim	אֲרוּחַת צׇהֳרַיִם (נ)
almorzar (vi)	le'eχol aruχat tsaha'rayim	לֶאֱכוֹל אֲרוּחַת צׇהֳרַיִם
cena (f)	aruχat 'erev	אֲרוּחַת עֶרֶב (נ)
cenar (vi)	le'eχol aruχat 'erev	לֶאֱכוֹל אֲרוּחַת עֶרֶב
apetito (m)	te'avon	תֵּיאָבוֹן (ז)
¡Que aproveche!	betei'avon!	בְּתֵיאָבוֹן!
abrir (vt)	lif'toaχ	לפתוֹחַ
derramar (líquido)	liʃpoχ	לשפּוֹך
derramarse (líquido)	lehiʃapeχ	להישפך
hervir (vi)	lir'toaχ	לרתוֹחַ
hervir (vt)	lehar'tiaχ	לְהַרְתִּיחַ
hervido (agua ~a)	ra'tuaχ	רָתוּחַ
enfriar (vt)	lekarer	לְקָרֵר
enfriarse (vr)	lehitkarer	לְהִתְקָרֵר
sabor (m)	'ta'am	טַעַם (ז)
regusto (m)	'ta'am levai	טַעַם לְוַאי (ז)
adelgazar (vi)	lirzot	לרזוֹת
dieta (f)	di"eta	דִּיאֵטָה (נ)
vitamina (f)	vitamin	וִיטָמִין (ז)
caloría (f)	ka'lorya	קָלוֹרְיָה (נ)
vegetariano (m)	tsimχoni	צִמְחוֹנִי (ז)
vegetariano (adj)	tsimχoni	צִמְחוֹנִי
grasas (f pl)	ʃumanim	שׁוּמָנִים (ז"ר)
proteínas (f pl)	χelbonim	חֶלְבּוֹנִים (ז"ר)
carbohidratos (m pl)	paχmema	פַּחְמֵימָה (נ)
loncha (f)	prusa	פְּרוּסָה (נ)
pedazo (m)	χatiχa	חֲתִיכָה (נ)
miga (f)	perur	פֵּירוּר (ז)

51. Los platos

plato (m)	mana	מָנָה (נ)
cocina (f)	mitbaχ	מִטְבָּח (ז)
receta (f)	matkon	מַתְכּוֹן (ז)
porción (f)	mana	מָנָה (נ)
ensalada (f)	salat	סָלָט (ז)
sopa (f)	marak	מָרָק (ז)
caldo (m)	marak tsaχ, tsir	מָרָק צַח, צִיר (ז)
bocadillo (m)	kariχ	כָּרִיך (ז)
huevos (m pl) fritos	beitsat ain	בֵּיצַת עַיִן (נ)
hamburguesa (f)	'hamburger	הַמְבּוּרְגֶר (ז)
bistec (m)	umtsa, steik	אוּמְצָה (נ), סְטֵייק (ז)
guarnición (f)	to'sefet	תּוֹסֶפֶת (נ)

espagueti (m)	spa'geti	סְפָּגֶטִי (ז)
puré (m) de patatas	meχit tapuχei adama	מְחִית תַּפּוּחֵי אֲדָמָה (נ)
pizza (f)	'pitsa	פִּיצָה (נ)
gachas (f pl)	daysa	דַּיְּיסָה (נ)
tortilla (f) francesa	χavita	חֲבִיתָה (נ)
cocido en agua (adj)	mevuʃal	מְבוּשָׁל
ahumado (adj)	me'uʃan	מְעוּשָׁן
frito (adj)	metugan	מְטוּגָּן
seco (adj)	meyubaʃ	מְיוּבָּשׁ
congelado (adj)	kafu	קָפוּא
marinado (adj)	kavuʃ	כָּבוּשׁ
azucarado, dulce (adj)	matok	מָתוֹק
salado (adj)	ma'luaχ	מָלוּחַ
frío (adj)	kar	קַר
caliente (adj)	χam	חַם
amargo (adj)	marir	מָרִיר
sabroso (adj)	ta'im	טָעִים
cocer en agua	levaʃel be'mayim rotχim	לְבַשֵׁל בְּמַיִם רוֹתְחִים
preparar (la cena)	levaʃel	לְבַשֵׁל
freír (vt)	letagen	לְטַגֵּן
calentar (vt)	leχamem	לְחַמֵם
salar (vt)	leham'liaχ	לְהַמְלִיחַ
poner pimienta	lefalpel	לְפַלְפֵּל
rallar (vt)	lerasek	לְרַסֵק
piel (f)	klipa	קְלִיפָּה (נ)
pelar (vt)	lekalef	לְקַלֵף

52. La comida

carne (f)	basar	בָּשָׂר (ז)
gallina (f)	of	עוֹף (ז)
pollo (m)	pargit	פַּרְגִּית (נ)
pato (m)	barvaz	בַּרְוָז (ז)
ganso (m)	avaz	אַוָז (ז)
caza (f) menor	'tsayid	צַיִד (ז)
pava (f)	'hodu	הוֹדוּ (ז)
carne (f) de cerdo	basar χazir	בָּשָׂר חֲזִיר (ז)
carne (f) de ternera	basar 'egel	בָּשָׂר עֵגֶל (ז)
carne (f) de carnero	basar 'keves	בָּשָׂר כֶּבֶשׂ (ז)
carne (f) de vaca	bakar	בָּקָר (ז)
conejo (m)	arnav	אַרְנָב (ז)
salchichón (m)	naknik	נַקְנִיק (ז)
salchicha (f)	naknikiya	נַקְנִיקִיָּה (נ)
beicon (m)	'kotel χazir	קוֹתֶל חֲזִיר (ז)
jamón (m)	basar χazir me'uʃan	בָּשָׂר חֲזִיר מְעוּשָׁן (ז)
jamón (m) fresco	'kotel χazir me'uʃan	קוֹתֶל חֲזִיר מְעוּשָׁן (ז)
paté (m)	pate	פָּטֶה (ז)
hígado (m)	kaved	כָּבֵד (ז)

carne (f) picada	basar taχun	בָּשָׂר טָחוּן (ז)
lengua (f)	laʃon	לָשׁוֹן (נ)
huevo (m)	beitsa	בֵּיצָה (נ)
huevos (m pl)	beitsim	בֵּיצִים (נ"ר)
clara (f)	χelbon	חֶלְבּוֹן (ז)
yema (f)	χelmon	חֶלְמוֹן (ז)
pescado (m)	dag	דָּג (ז)
mariscos (m pl)	perot yam	פֵּירוֹת יָם (ז"ר)
crustáceos (m pl)	sartana'im	סַרְטָנָאִים (ז"ר)
caviar (m)	kavyar	קָווִיאָר (ז)
cangrejo (m) de mar	sartan yam	סַרְטָן יָם (ז)
camarón (m)	ʃrimps	שְׁרִימְפְּס (ז"ר)
ostra (f)	tsidpat ma'aχal	צִדְפַּת מַאֲכָל (נ)
langosta (f)	'lobster kotsani	לוֹבְּסְטֶר קוֹצָנִי (ז)
pulpo (m)	tamnun	תַּמְנוּן (ז)
calamar (m)	kala'mari	קָלָמָארִי (ז)
esturión (m)	basar haχidkan	בָּשָׂר הַחִדְקָן (ז)
salmón (m)	'salmon	סַלְמוֹן (ז)
fletán (m)	putit	פּוּטִית (נ)
bacalao (m)	ʃibut	שִׁיבּוּט (ז)
caballa (f)	kolyas	קוֹלְיָס (ז)
atún (m)	'tuna	טוּנָה (נ)
anguila (f)	tslofaχ	צְלוֹפָח (ז)
trucha (f)	forel	פוֹרֵל (ז)
sardina (f)	sardin	סַרְדִּין (ז)
lucio (m)	ze'ev 'mayim	זְאֵב מַיִם (ז)
arenque (m)	ma'liaχ	מָלִיח (ז)
pan (m)	'leχem	לֶחֶם (ז)
queso (m)	gvina	גְּבִינָה (נ)
azúcar (m)	sukar	סוּכָּר (ז)
sal (f)	'melaχ	מֶלַח (ז)
arroz (m)	'orez	אוֹרֶז (ז)
macarrones (m pl)	'pasta	פַּסְטָה (נ)
tallarines (m pl)	irtiyot	אַטְרִיּוֹת (נ"ר)
mantequilla (f)	χem'a	חֶמְאָה (נ)
aceite (m) vegetal	'ʃemen tsimχi	שֶׁמֶן צִמְחִי (ז)
aceite (m) de girasol	'ʃemen χamaniyot	שֶׁמֶן חַמָּנִיּוֹת (ז)
margarina (f)	marga'rina	מַרְגָּרִינָה (נ)
olivas, aceitunas (f pl)	zeitim	זֵיתִים (ז"ר)
aceite (m) de oliva	'ʃemen 'zayit	שֶׁמֶן זַיִת (ז)
leche (f)	χalav	חָלָב (ז)
leche (f) condensada	χalav merukaz	חָלָב מְרוּכָּז (ז)
yogur (m)	'yogurt	יוֹגוּרְט (ז)
nata (f) agria	ʃa'menet	שַׁמֶּנֶת (נ)
nata (f) líquida	ʃa'menet	שַׁמֶּנֶת (נ)

mayonesa (f)	mayonez	מָיוֹנֵז (ז)
crema (f) de mantequilla	ka'tsefet χem'a	קַצֶּפֶת חֶמְאָה (נ)
cereales (m pl) integrales	grisim	גְּרִיסִים (ז"ר)
harina (f)	'kemaχ	קֶמַח (ז)
conservas (f pl)	ʃimurim	שִׁימוּרִים (ז"ר)
copos (m pl) de maíz	ptitei 'tiras	פְּתִיתֵי תִּירָס (ז"ר)
miel (f)	dvaʃ	דְּבַשׁ (ז)
confitura (f)	riba	רִיבָּה (נ)
chicle (m)	'mastik	מַסְטִיק (ז)

53. Las bebidas

agua (f)	'mayim	מַיִם (ז"ר)
agua (f) potable	mei ʃtiya	מֵי שְׁתִיָּה (ז"ר)
agua (f) mineral	'mayim mine'raliyim	מַיִם מִינֶרָלִיִים (ז"ר)
sin gas	lo mugaz	לֹא מוּגָז
gaseoso (adj)	mugaz	מוּגָז
con gas	mugaz	מוּגָז
hielo (m)	'keraχ	קֶרַח (ז)
con hielo	im 'keraχ	עִם קֶרַח
sin alcohol	natul alkohol	נָטוּל אַלְכּוֹהוֹל
bebida (f) sin alcohol	maʃke kal	מַשְׁקֶה קַל (ז)
refresco (m)	maʃke mera'anen	מַשְׁקֶה מְרַעֲנֵן (ז)
limonada (f)	limo'nada	לִימוֹנָדָה (נ)
bebidas (f pl) alcohólicas	maʃka'ot χarifim	מַשְׁקָאוֹת חֲרִיפִים (ז"ר)
vino (m)	'yayin	יַיִן (ז)
vino (m) blanco	'yayin lavan	יַיִן לָבָן (ז)
vino (m) tinto	'yayin adom	יַיִן אָדוֹם (ז)
licor (m)	liker	לִיקֵר (ז)
champaña (f)	ʃam'panya	שַׁמְפַּנְיָה (נ)
vermú (m)	'vermut	וֶרְמוּט (ז)
whisky (m)	'viski	וִיסְקִי (ז)
vodka (m)	'vodka	וֹדְקָה (נ)
ginebra (f)	dʒin	גִ'ין (ז)
coñac (m)	'konyak	קוֹנְיָאק (ז)
ron (m)	rom	רוֹם (ז)
café (m)	kafe	קָפֶה (ז)
café (m) solo	kafe ʃaχor	קָפֶה שָׁחוֹר (ז)
café (m) con leche	kafe hafuχ	קָפֶה הָפוּךְ (ז)
capuchino (m)	kapu'tʃino	קָפּוּצ'ִינוֹ (ז)
café (m) soluble	kafe names	קָפֶה נָמֵס (ז)
leche (f)	χalav	חָלָב (ז)
cóctel (m)	kokteil	קוֹקְטֵיל (ז)
batido (m)	'milkʃeik	מִילְקְשֵׁייק (ז)
zumo (m), jugo (m)	mits	מִיץ (ז)

jugo (m) de tomate	mits agvaniyot	מִיץ עַגְבָנִיּוֹת (ז)
zumo (m) de naranja	mits tapuzim	מִיץ תַּפּוּזִים (ז)
zumo (m) fresco	mits saχut	מִיץ סָחוּט (ז)
cerveza (f)	'bira	בִּירָה (נ)
cerveza (f) rubia	'bira bahira	בִּירָה בְּהִירָה (נ)
cerveza (f) negra	'bira keha	בִּירָה כֵּהָה (נ)
té (m)	te	תֵּה (ז)
té (m) negro	te ʃaχor	תֵּה שָׁחוֹר (ז)
té (m) verde	te yarok	תֵּה יָרוֹק (ז)

54. Las verduras

legumbres (f pl)	yerakot	יְרָקוֹת (ז"ר)
verduras (f pl)	'yerek	יָרָק (ז)
tomate (m)	agvaniya	עַגְבָנִיָּה (נ)
pepino (m)	melafefon	מְלָפְפוֹן (ז)
zanahoria (f)	'gezer	גֶּזֶר (ז)
patata (f)	ta'puaχ adama	תַּפּוּחַ אֲדָמָה (ז)
cebolla (f)	batsal	בָּצָל (ז)
ajo (m)	ʃum	שׁוּם (ז)
col (f)	kruv	כְּרוּב (ז)
coliflor (f)	kruvit	כְּרוּבִית (נ)
col (f) de Bruselas	kruv nitsanim	כְּרוּב נִצָּנִים (ז)
brócoli (m)	'brokoli	בְּרוֹקוֹלִי (ז)
remolacha (f)	'selek	סֶלֶק (ז)
berenjena (f)	χatsil	חָצִיל (ז)
calabacín (m)	kiʃu	קִישׁוּא (ז)
calabaza (f)	'dla'at	דְּלַעַת (נ)
nabo (m)	'lefet	לֶפֶת (נ)
perejil (m)	petro'zilya	פֶּטְרוֹזִילְיָה (נ)
eneldo (m)	ʃamir	שָׁמִיר (ז)
lechuga (f)	'χasa	חַסָּה (נ)
apio (m)	'seleri	סָלֶרִי (ז)
espárrago (m)	aspa'ragos	אַסְפָּרָגוֹס (ז)
espinaca (f)	'tered	תֶּרֶד (ז)
guisante (m)	afuna	אֲפוּנָה (נ)
habas (f pl)	pol	פּוֹל (ז)
maíz (m)	'tiras	תִּירָס (ז)
fréjol (m)	ʃu'it	שְׁעוּעִית (נ)
pimiento (m) dulce	'pilpel	פִּלְפֵּל (ז)
rábano (m)	tsnonit	צְנוֹנִית (נ)
alcachofa (f)	artiʃok	אַרְטִישׁוֹק (ז)

55. Las frutas. Las nueces

fruto (m)	pri	פְּרִי (ז)
manzana (f)	ta'puax	תַּפּוּחַ (ז)
pera (f)	agas	אַגָּס (ז)
limón (m)	limon	לִימוֹן (ז)
naranja (f)	tapuz	תַּפּוּז (ז)
fresa (f)	tut sade	תּוּת שָׂדֶה (ז)
mandarina (f)	klemen'tina	קְלֵמֶנְטִינָה (נ)
ciruela (f)	ʃezif	שְׁזִיף (ז)
melocotón (m)	afarsek	אֲפַרְסֵק (ז)
albaricoque (m)	'miʃmeʃ	מִשְׁמֵשׁ (ז)
frambuesa (f)	'petel	פֶּטֶל (ז)
piña (f)	'ananas	אֲנָנָס (ז)
banana (f)	ba'nana	בָּנָנָה (נ)
sandía (f)	ava'tiax	אֲבַטִּיחַ (ז)
uva (f)	anavim	עֲנָבִים (ז"ר)
guinda (f)	duvdevan	דּוּבְדְּבָן (ז)
cereza (f)	gudgedan	גּוּדְגְּדָן (ז)
melón (m)	melon	מֶלוֹן (ז)
pomelo (m)	eʃkolit	אֶשְׁכּוֹלִית (נ)
aguacate (m)	avo'kado	אֲבוֹקָדוֹ (ז)
papaya (f)	pa'paya	פַּפָּאיָה (נ)
mango (m)	'mango	מַנְגּוֹ (ז)
granada (f)	rimon	רִימּוֹן (ז)
grosella (f) roja	dumdemanit aduma	דּוּמְדְּמָנִית אֲדוֹמָה (נ)
grosella (f) negra	dumdemanit ʃxora	דּוּמְדְּמָנִית שְׁחוֹרָה (נ)
grosella (f) espinosa	xazarzar	חֲזַרְזַר (ז)
arándano (m)	uxmanit	אוּכְמָנִית (נ)
zarzamoras (f pl)	'petel ʃaxor	פֶּטֶל שָׁחוֹר (ז)
pasas (f pl)	tsimukim	צִימּוּקִים (ז"ר)
higo (m)	te'ena	תְּאֵנָה (נ)
dátil (m)	tamar	תָּמָר (ז)
cacahuete (m)	botnim	בּוֹטְנִים (ז"ר)
almendra (f)	ʃaked	שָׁקֵד (ז)
nuez (f)	egoz 'melex	אֱגוֹז מֶלֶךְ (ז)
avellana (f)	egoz ilsar	אֱגוֹז אִלְסָר (ז)
nuez (f) de coco	'kokus	קוֹקוּס (ז)
pistachos (m pl)	'fistuk	פִּיסְטוּק (ז)

56. El pan. Los dulces

pasteles (m pl)	mutsrei kondi'torya	מוֹצְרֵי קוֹנְדִּיטוֹרְיָה (ז"ר)
pan (m)	'lexem	לֶחֶם (ז)
galletas (f pl)	ugiya	עוּגִיָּה (נ)
chocolate (m)	'ʃokolad	שׁוֹקוֹלָד (ז)
de chocolate (adj)	mi'ʃokolad	מְשׁוֹקוֹלָד

caramelo (m)	sukariya	סוּכָּרִיָּה (נ)
tarta (f) (pequeña)	uga	עוּגָה (נ)
tarta (f) (~ de cumpleaños)	uga	עוּגָה (נ)
tarta (f) (~ de manzana)	pai	פַּאי (ז)
relleno (m)	milui	מִילוּי (ז)
confitura (f)	riba	רִיבָּה (נ)
mermelada (f)	marme'lada	מַרְמֵלָדָה (נ)
gofre (m)	'vaflim	וָפְלִים (ז"ר)
helado (m)	'glida	גְלִידָה (נ)
pudin (m)	'puding	פּוּדִינג (ז)

57. Las especias

sal (f)	'melax	מֶלַח (ז)
salado (adj)	ma'luax	מָלוּחַ
salar (vt)	leham'liax	לְהַמְלִיחַ
pimienta (f) negra	'pilpel ʃaxor	פִּלְפֵּל שָׁחוֹר (ז)
pimienta (f) roja	'pilpel adom	פִּלְפֵּל אָדוֹם (ז)
mostaza (f)	xardal	חַרְדָּל (ז)
rábano (m) picante	xa'zeret	חַזֶרֶת (נ)
condimento (m)	'rotev	רוֹטֶב (ז)
especia (f)	tavlin	תַבְלִין (ז)
salsa (f)	'rotev	רוֹטֶב (ז)
vinagre (m)	'xomets	חוֹמֶץ (ז)
anís (m)	kamnon	כַּמְנוֹן (ז)
albahaca (f)	rexan	רֵיחָן (ז)
clavo (m)	tsi'poren	צִיפּוֹרֶן (ז)
jengibre (m)	'dʒindʒer	ג'ינג'ר (ז)
cilantro (m)	'kusbara	כּוּסְבָּרָה (נ)
canela (f)	kinamon	קִינָמוֹן (ז)
sésamo (m)	'ʃumʃum	שוּמְשוּם (ז)
hoja (f) de laurel	ale dafna	עֲלֵה דַפְנָה (ז)
paprika (f)	'paprika	פַּפְרִיקָה (נ)
comino (m)	'kimel	קִימֶל (ז)
azafrán (m)	ze'afran	זְעַפְרָן (ז)

LA INFORMACIÓN PERSONAL. LA FAMILIA

58. La información personal. Los formularios

nombre (m)	ʃem	שֵׁם (ז)
apellido (m)	ʃem miʃpaχa	שֵׁם מִשְׁפָּחָה (ז)
fecha (f) de nacimiento	taʼariχ leda	תַּאֲרִיךְ לֵידָה (ז)
lugar (m) de nacimiento	mekom leda	מְקוֹם לֵידָה (ז)
nacionalidad (f)	leʼom	לְאוֹם (ז)
domicilio (m)	mekom megurim	מְקוֹם מְגוּרִים (ז)
país (m)	medina	מְדִינָה (נ)
profesión (f)	mikʼtsoʻa	מִקְצוֹעַ (ז)
sexo (m)	min	מִין (ז)
estatura (f)	ʼgova	גּוֹבַה (ז)
peso (m)	miʃkal	מִשְׁקָל (ז)

59. Los familiares. Los parientes

madre (f)	em	אֵם (נ)
padre (m)	av	אָב (ז)
hijo (m)	ben	בֵּן (ז)
hija (f)	bat	בַּת (נ)
hija (f) menor	habat haktana	הַבַּת הַקְּטַנָּה (נ)
hijo (m) menor	haben hakatan	הַבֵּן הַקָּטָן (ז)
hija (f) mayor	habat habχora	הַבַּת הַבְּכוֹרָה (נ)
hijo (m) mayor	haben habχor	הַבֵּן הַבְּכוֹר (ז)
hermano (m)	aχ	אָח (ז)
hermano (m) mayor	aχ gadol	אָח גָּדוֹל (ז)
hermano (m) menor	aχ katan	אָח קָטָן (ז)
hermana (f)	aχot	אָחוֹת (נ)
hermana (f) mayor	aχot gdola	אָחוֹת גְדוֹלָה (נ)
hermana (f) menor	aχot ktana	אָחוֹת קְטַנָּה (נ)
primo (m)	ben dod	בֵּן דּוֹד (ז)
prima (f)	bat ʼdoda	בַּת דּוֹדָה (נ)
mamá (f)	ʼima	אִמָּא (נ)
papá (m)	ʼaba	אַבָּא (ז)
padres (pl)	horim	הוֹרִים (ז"ר)
niño -a (m, f)	ʼyeled	יֶלֶד (ז)
niños (pl)	yeladim	יְלָדִים (ז"ר)
abuela (f)	ʼsavta	סָבְתָּא (נ)
abuelo (m)	ʼsaba	סָבָּא (ז)
nieto (m)	ʼneχed	נֶכֶד (ז)

nieta (f)	neχda	נֶכְדָה (נ)
nietos (pl)	neχadim	נְכָדִים (ז"ר)
tío (m)	dod	דוֹד (ז)
tía (f)	'doda	דוֹדָה (נ)
sobrino (m)	aχyan	אַחְיָן (ז)
sobrina (f)	aχyanit	אַחְיָנִית (נ)
suegra (f)	χamot	חָמוֹת (נ)
suegro (m)	χam	חָם (ז)
yerno (m)	χatan	חָתָן (ז)
madrastra (f)	em χoreget	אֵם חוֹרֶגֶת (נ)
padrastro (m)	av χoreg	אָב חוֹרֵג (ז)
niño (m) de pecho	tinok	תִּינוֹק (ז)
bebé (m)	tinok	תִּינוֹק (ז)
chico (m)	pa'ot	פָּעוֹט (ז)
mujer (f)	iʃa	אִשָׁה (נ)
marido (m)	'ba'al	בַּעַל (ז)
esposo (m)	ben zug	בֶּן זוּג (ז)
esposa (f)	bat zug	בַּת זוּג (נ)
casado (adj)	nasui	נָשׂוּי
casada (adj)	nesu'a	נְשׂוּאָה
soltero (adj)	ravak	רַוָּק
soltero (m)	ravak	רַוָּק (ז)
divorciado (adj)	garuʃ	גָרוּשׁ
viuda (f)	almana	אַלְמָנָה (נ)
viudo (m)	alman	אַלְמָן (ז)
pariente (m)	karov miʃpaχa	קָרוֹב מִשְׁפָּחָה (ז)
pariente (m) cercano	karov miʃpaχa	קָרוֹב מִשְׁפָּחָה (ז)
pariente (m) lejano	karov raχok	קָרוֹב רָחוֹק (ז)
parientes (pl)	krovei miʃpaχa	קְרוֹבֵי מִשְׁפָּחָה (ז"ר)
huérfano (m)	yatom	יָתוֹם (ז)
huérfana (f)	yetoma	יְתוֹמָה (נ)
tutor (m)	apo'tropos	אַפּוֹטְרוֹפּוֹס (ז)
adoptar (un niño)	le'amets	לְאַמֵּץ
adoptar (una niña)	le'amets	לְאַמֵּץ

60. Los amigos. Los compañeros del trabajo

amigo (m)	χaver	חָבֵר (ז)
amiga (f)	χavera	חֲבֵרָה (נ)
amistad (f)	yedidut	יְדִידוּת (נ)
ser amigo	lihyot yadidim	לִהְיוֹת יָדִידִים
amigote (m)	χaver	חָבֵר (ז)
amiguete (f)	χavera	חֲבֵרָה (נ)
compañero (m)	ʃutaf	שׁוּתָף (ז)
jefe (m)	menahel, roʃ	מְנַהֵל (ז), רֹאשׁ (ז)
superior (m)	memune	מְמוּנֶה (ז)

propietario (m)	be'alim	בְּעָלִים (ז)
subordinado (m)	kafuf le	כָּפוּף ל (ז)
colega (m, f)	amit	עָמִית (ז)
conocido (m)	makar	מַכָּר (ז)
compañero (m) de viaje	ben levaya	בֶּן לְוָיָה (ז)
condiscípulo (m)	xaver lekita	חָבֵר לְכִּיתָה (ז)
vecino (m)	ʃaxen	שָׁכֵן (ז)
vecina (f)	ʃxena	שְׁכֵנָה (נ)
vecinos (pl)	ʃxenim	שְׁכֵנִים (ז"ר)

EL CUERPO. LA MEDICINA

61. La cabeza

cabeza (f)	roʃ	רֹאשׁ (ז)
cara (f)	panim	פָּנִים (ז"ר)
nariz (f)	af	אַף (ז)
boca (f)	pe	פֶּה (ז)
ojo (m)	'ayin	עַיִן (נ)
ojos (m pl)	ei'nayim	עֵינַיִם (נ"ר)
pupila (f)	iʃon	אִישׁוֹן (ז)
ceja (f)	gaba	גַּבָּה (נ)
pestaña (f)	ris	רִיס (ז)
párpado (m)	af'af	עַפְעַף (ז)
lengua (f)	laʃon	לָשׁוֹן (נ)
diente (m)	ʃen	שֵׁן (נ)
labios (m pl)	sfa'tayim	שְׂפָתַיִם (נ"ר)
pómulos (m pl)	atsamot leχa'yayim	עַצְמוֹת לְחָיַיִם (נ"ר)
encía (f)	χani'χayim	חֲנִיכַיִם (ז"ר)
paladar (m)	χeχ	חֵךְ (ז)
ventanas (f pl)	neχi'rayim	נְחִירַיִם (ז"ר)
mentón (m)	santer	סַנְטֵר (ז)
mandíbula (f)	'leset	לֶסֶת (נ)
mejilla (f)	'leχi	לְחִי (נ)
frente (f)	'metsaχ	מֵצַח (ז)
sien (f)	raka	רַקָּה (נ)
oreja (f)	'ozen	אֹזֶן (נ)
nuca (f)	'oref	עוֹרֶף (ז)
cuello (m)	tsavar	צַוָּאר (ז)
garganta (f)	garon	גָּרוֹן (ז)
pelo, cabello (m)	se'ar	שֵׂיעָר (ז)
peinado (m)	tis'roket	תִּסְרֹקֶת (נ)
corte (m) de pelo	tis'poret	תִּסְפֹּרֶת (נ)
peluca (f)	pe'a	פֵּאָה (נ)
bigote (m)	safam	שָׂפָם (ז)
barba (f)	zakan	זָקָן (ז)
tener (~ la barba)	legadel	לְגַדֵּל
trenza (f)	tsama	צַמָּה (נ)
patillas (f pl)	pe'ot leχa'yayim	פֵּאוֹת לְחָיַיִם (נ"ר)
pelirrojo (adj)	'dʒindʒi	גִ'ינְגִ'י
gris, canoso (adj)	kasuf	כָּסוּף
calvo (adj)	ke'reaχ	קֵירֵחַ
calva (f)	ka'raχat	קָרַחַת (נ)

| cola (f) de caballo | 'kuku | קוקו (ז) |
| flequillo (m) | 'poni | פּוֹנִי (ז) |

62. El cuerpo

| mano (f) | kaf yad | כַּף יָד (נ) |
| brazo (m) | yad | יָד (נ) |

dedo (m)	'etsba	אֶצְבַּע (נ)
dedo (m) del pie	'bohen	בּוֹהֶן (נ)
dedo (m) pulgar	agudal	אֲגוּדָל (ז)
dedo (m) meñique	'zeret	זֶרֶת (נ)
uña (f)	tsi'poren	צִיפּוֹרֶן (ז)

puño (m)	egrof	אֶגְרוֹף (ז)
palma (f)	kaf yad	כַּף יָד (נ)
muñeca (f)	'joreʃ kaf hayad	שׁוֹרֶשׁ כַּף הַיָד (ז)
antebrazo (m)	ama	אַמָה (נ)
codo (m)	marpek	מַרְפֵּק (ז)
hombro (m)	katef	כָּתֵף (נ)

pierna (f)	'regel	רֶגֶל (נ)
planta (f)	kaf 'regel	כַּף רֶגֶל (נ)
rodilla (f)	'berex	בֶּרֶך (נ)
pantorrilla (f)	ʃok	שׁוֹק (ז)
cadera (f)	yarex	יָרֵך (ז)
talón (m)	akev	עָקֵב (ז)

cuerpo (m)	guf	גוּף (ז)
vientre (m)	'beten	בֶּטֶן (נ)
pecho (m)	xaze	חָזֶה (ז)
seno (m)	ʃad	שַׁד (ז)
lado (m), costado (m)	tsad	צַד (ז)
espalda (f)	gav	גַב (ז)
zona (f) lumbar	mot'nayim	מוֹתְנָיִים (ז"ר)
cintura (f), talle (m)	'talya	טַלְיָה (נ)

ombligo (m)	tabur	טַבּוּר (ז)
nalgas (f pl)	axo'rayim	אֲחוֹרַיִים (ז"ר)
trasero (m)	yaʃvan	יַשְׁבָן (ז)

lunar (m)	nekudat xen	נְקוּדַת חֵן (נ)
marca (f) de nacimiento	'ketem leida	כֶּתֶם לֵידָה (ז)
tatuaje (m)	ka'a'ku'a	קַעֲקוּעַ (ז)
cicatriz (f)	tsa'leket	צַלֶקֶת (נ)

63. Las enfermedades

enfermedad (f)	maxala	מַחֲלָה (נ)
estar enfermo	lihyot xole	לִהְיוֹת חוֹלֶה
salud (f)	bri'ut	בְּרִיאוּת (נ)
resfriado (m) (coriza)	na'zelet	נַזֶלֶת (נ)

angina (f)	da'leket ʃkedim	דַּלֶּקֶת שְׁקֵדִים (נ)
resfriado (m)	hitstanenut	הִצְטַנְּנוּת (נ)
resfriarse (vr)	lehitstanen	לְהִצְטַנֵּן
bronquitis (f)	bron'χitis	בְּרוֹנְכִיטִיס (ז)
pulmonía (f)	da'leket re'ot	דַּלֶּקֶת רֵיאוֹת (נ)
gripe (f)	ʃa'pa'at	שַׁפַּעַת (נ)
miope (adj)	ktsar re'iya	קְצַר רְאִיָּה
présbita (adj)	reχok re'iya	רְחוֹק־רְאִיָּה
estrabismo (m)	pzila	פְּזִילָה (נ)
estrábico (m) (adj)	pozel	פּוֹזֵל
catarata (f)	katarakt	קָטָרַקְט (ז)
glaucoma (m)	gla'u'koma	גְּלָאוּקוֹמָה (נ)
insulto (m)	ʃavats moχi	שָׁבָץ מוֹחִי (ז)
ataque (m) cardiaco	hetkef lev	הֶתְקֵף לֵב (ז)
infarto (m) de miocardio	'otem ʃrir halev	אוֹטֶם שְׁרִיר הַלֵּב (ז)
parálisis (f)	ʃituk	שִׁיתוּק (ז)
paralizar (vt)	leʃatek	לְשַׁתֵּק
alergia (f)	a'lergya	אָלֶרְגִיָּה (נ)
asma (f)	'astma, ka'tseret	אַסְתְמָה, קַצֶּרֶת (נ)
diabetes (f)	su'keret	סוּכֶּרֶת (נ)
dolor (m) de muelas	ke'ev ʃi'nayim	כְּאֵב שִׁינַיִים (ז)
caries (f)	a'ʃeʃet	עֲשֶׁשֶׁת (נ)
diarrea (f)	ʃilʃul	שִׁלְשׁוּל (ז)
estreñimiento (m)	atsirut	עֲצִירוּת (נ)
molestia (f) estomacal	kilkul keiva	קִלְקוּל קֵיבָה (ז)
envenenamiento (m)	har'alat mazon	הַרְעָלַת מָזוֹן (נ)
envenenarse (vr)	laχatof har'alat mazon	לַחֲטוֹף הַרְעָלַת מָזוֹן
artritis (f)	da'leket mifrakim	דַּלֶּקֶת מִפְרָקִים (נ)
raquitismo (m)	ra'keχet	רַכֶּכֶת (נ)
reumatismo (m)	ʃigaron	שִׁיגָּרוֹן (ז)
ateroesclerosis (f)	ar'teryo skle'rosis	אַרְטֶרְיוֹ־סְקְלֶרוֹסִיס (ז)
gastritis (f)	da'leket keiva	דַּלֶּקֶת קֵיבָה (נ)
apendicitis (f)	da'leket toseftan	דַּלֶּקֶת תּוֹסֶפְתָּן (נ)
colecistitis (f)	da'leket kis hamara	דַּלֶּקֶת כִּיס הַמָּרָה (נ)
úlcera (f)	'ulkus, kiv	אוּלְקוּס, כִּיב (ז)
sarampión (m)	χa'tsevet	חַצֶּבֶת (נ)
rubeola (f)	a'demet	אַדֶּמֶת (נ)
ictericia (f)	tsa'hevet	צַהֶבֶת (נ)
hepatitis (f)	da'leket kaved	דַּלֶּקֶת כָּבֵד (נ)
esquizofrenia (f)	sχizo'frenya	סְכִיזוֹפְרֶנְיָה (נ)
rabia (f) (hidrofobia)	ka'levet	כַּלֶּבֶת (נ)
neurosis (f)	noi'roza	נוֹירוֹזָה (נ)
conmoción (f) cerebral	za'a'zu'a 'moaχ	זַעֲזוּעַ מוֹחַ (ז)
cáncer (m)	sartan	סַרְטָן (ז)
esclerosis (f)	ta'reʃet	טָרֶשֶׁת (נ)

esclerosis (m) múltiple	ta'reʃet nefotsa	טָרֶשֶׁת נְפוֹצָה (נ)
alcoholismo (m)	alkoholizm	אַלְכּוֹהוֹלִיזם (ז)
alcohólico (m)	alkoholist	אַלְכּוֹהוֹלִיסט (ז)
sífilis (f)	a'gevet	עַגֶבֶת (נ)
SIDA (m)	eids	אַיידס (ז)
tumor (m)	gidul	גִידוּל (ז)
maligno (adj)	mam'ir	מַמְאִיר
benigno (adj)	ʃapir	שָׁפִיר
fiebre (f)	ka'daχat	קַדַחַת (נ)
malaria (f)	ma'larya	מָלַרְיָה (נ)
gangrena (f)	gan'grena	נַגרֶנָה (נ)
mareo (m)	maχalat yam	מַחֲלַת יָם (נ)
epilepsia (f)	maχalat hanefila	מַחֲלַת הַנְּפִילָה (נ)
epidemia (f)	magefa	מַגֵיפָה (נ)
tifus (m)	'tifus	טִיפוּס (ז)
tuberculosis (f)	ʃa'χefet	שַׁחֶפֶת (נ)
cólera (f)	ko'lera	כּוֹלֶרָה (נ)
peste (f)	davar	דֶבֶר (ז)

64. Los síntomas. Los tratamientos. Unidad 1

síntoma (m)	simptom	סִימפּטוֹם (ז)
temperatura (f)	χom	חוֹם (ז)
fiebre (f)	χom ga'voha	חוֹם גָבוֹהַ (ז)
pulso (m)	'dofek	דוֹפֶק (ז)
mareo (m) (vértigo)	sχar'χoret	סְחַרחוֹרֶת (נ)
caliente (adj)	χam	חַם
escalofrío (m)	tsmar'moret	צְמַרמוֹרֶת (נ)
pálido (adj)	χiver	חִיוֵור
tos (f)	ʃi'ul	שִׁיעוּל (ז)
toser (vi)	lehiʃta'el	לְהִשְׁתַעֵל
estornudar (vi)	lehit'ateʃ	לְהִתְעַטֵש
desmayo (m)	ilafon	עִילָפוֹן (ז)
desmayarse (vr)	lehit'alef	לְהִתְעַלֵף
moradura (f)	χabura	חַבּוּרָה (נ)
chichón (m)	blita	בְּלִיטָה (נ)
golpearse (vr)	lekabel maka	לְקַבֵּל מַכָּה
magulladura (f)	maka	מַכָּה (נ)
magullarse (vr)	lekabel maka	לְקַבֵּל מַכָּה
cojear (vi)	lits'lo'a	לִצלוֹעַ
dislocación (f)	'neka	נֶקַע (ז)
dislocar (vt)	lin'ko'a	לִנקוֹעַ
fractura (f)	'ʃever	שֶׁבֶר (ז)
tener una fractura	liʃbor	לִשְׁבּוֹר
corte (m) (tajo)	χataχ	חָתָך (ז)
cortarse (vr)	lehiχateχ	לְהֵיחָתֵך

hemorragia (f)	dimum	דִּימוּם (ז)
quemadura (f)	kviya	כְּוִויָה (נ)
quemarse (vr)	laχatof kviya	לַחְטוֹף כְּוִויָה
pincharse (~ el dedo)	lidkor	לִדְקוֹר
pincharse (vr)	lehidaker	לְהִידָקֵר
herir (vt)	lifˈtsoˈa	לִפְצוֹעַ
herida (f)	ptsiˈa	פְּצִיעָה (נ)
lesión (f) (herida)	ˈpetsa	פֶּצַע (ז)
trauma (m)	ˈtraˈuma	טְרָאוּמָה (נ)
delirar (vi)	lahazot	לַהֲזוֹת
tartamudear (vi)	legamgem	לְגַמְגֵם
insolación (f)	makat ˈʃemeʃ	מַכַּת שֶׁמֶשׁ (נ)

65. Los síntomas. Los tratamientos. Unidad 2

dolor (m)	keˈev	כְּאֵב (ז)
astilla (f)	kots	קוֹץ (ז)
sudor (m)	zeˈa	זֵיעָה (נ)
sudar (vi)	lehaˈziˈa	לְהַזִּיעַ
vómito (m)	hakaˈa	הֲקָאָה (נ)
convulsiones (f pl)	pirkusim	פִּירְכּוּסִים (ז"ר)
embarazada (adj)	hara	הָרָה
nacer (vi)	lehivaled	לְהִיוָּלֵד
parto (m)	leda	לֵידָה (נ)
dar a luz	laˈledet	לָלֶדֶת
aborto (m)	hapala	הַפָּלָה (נ)
respiración (f)	neʃima	נְשִׁימָה (נ)
inspiración (f)	ʃeˈifa	שְׁאִיפָה (נ)
espiración (f)	neʃifa	נְשִׁיפָה (נ)
espirar (vi)	linʃof	לִנְשׁוֹף
inspirar (vi)	liʃˈof	לִשְׁאוֹף
inválido (m)	naχe	נָכֶה (ז)
mutilado (m)	naχe	נָכֶה (ז)
drogadicto (m)	narkoman	נַרְקוֹמָן (ז)
sordo (adj)	χereʃ	חֵירֵשׁ
mudo (adj)	ilem	אִילֵם
sordomudo (adj)	χereʃ-ilem	חֵירֵשׁ-אִילֵם
loco (adj)	meʃuga	מְשׁוּגָע
loco (m)	meʃuga	מְשׁוּגָע (ז)
loca (f)	meʃuˈgaˈat	מְשׁוּגַעַת (נ)
volverse loco	lehiʃtaˈgeˈa	לְהִשְׁתַּגֵעַ
gen (m)	gen	גֵן (ז)
inmunidad (f)	χasinut	חֲסִינוּת (נ)
hereditario (adj)	toraʃti	תּוֹרַשְׁתִּי
de nacimiento (adj)	mulad	מוּלָד

virus (m)	'virus	וִירוּס (ז)
microbio (m)	χaidak	חַיְדָּק (ז)
bacteria (f)	bak'terya	בַּקְטֶרְיָה (נ)
infección (f)	zihum	זִיהוּם (ז)

66. Los síntomas. Los tratamientos. Unidad 3

hospital (m)	beit χolim	בֵּית חוֹלִים (ז)
paciente (m)	metupal	מְטוּפָּל (ז)
diagnosis (f)	avχana	אַבְחָנָה (נ)
cura (f)	ripui	רִיפּוּי (ז)
tratamiento (m)	tipul refu'i	טִיפּוּל רְפוּאִי (ז)
curarse (vr)	lekabel tipul	לְקַבֵּל טִיפּוּל
tratar (vt)	letapel be...	לְטַפֵּל בְּ...
cuidar (a un enfermo)	letapel be...	לְטַפֵּל בְּ...
cuidados (m pl)	tipul	טִיפּוּל (ז)
operación (f)	ni'tuaχ	נִיתוּחַ (ז)
vendar (vt)	laχboʃ	לַחְבּוֹש
vendaje (m)	χaviʃa	חֲבִישָׁה (נ)
vacunación (f)	χisun	חִיסוּן (ז)
vacunar (vt)	leχasen	לְחַסֵן
inyección (f)	zrika	זְרִיקָה (נ)
aplicar una inyección	lehazrik	לְהַזְרִיק
ataque (m)	hetkef	הֶתְקֵף (ז)
amputación (f)	kti'a	קְטִיעָה (נ)
amputar (vt)	lik'to'a	לִקְטוֹעַ
coma (m)	tar'demet	תַּרְדֶּמֶת (נ)
estar en coma	lihyot betar'demet	לִהְיוֹת בְּתַרְדֶּמֶת
revitalización (f)	tipul nimraʦ	טִיפּוּל נִמְרָץ (ז)
recuperarse (vr)	lehaχlim	לְהַחְלִים
estado (m) (de salud)	maʦav	מַצָּב (ז)
consciencia (f)	hakara	הַכָּרָה (נ)
memoria (f)	zikaron	זִיכָּרוֹן (ז)
extraer (un diente)	la'akor	לַעֲקוֹר
empaste (m)	stima	סְתִימָה (נ)
empastar (vt)	la'asot stima	לַעֲשׂוֹת סְתִימָה
hipnosis (f)	hip'noza	הִיפְּנוֹזָה (נ)
hipnotizar (vt)	lehapnet	לְהַפְנֵט

67. La medicina. Las drogas. Los accesorios

medicamento (m), droga (f)	trufa	תְּרוּפָה (נ)
remedio (m)	trufa	תְּרוּפָה (נ)
prescribir (vt)	lirʃom	לִרְשׁוֹם
receta (f)	mirʃam	מִרְשָׁם (ז)

tableta (f)	kadur	כַּדּוּר (ז)
ungüento (m)	miʃχa	מִשְׁחָה (נ)
ampolla (f)	'ampula	אַמְפּוּלָה (נ)
mixtura (f), mezcla (f)	taʿa'rovet	תַּעֲרוֹבֶת (נ)
sirope (m)	sirop	סִירוֹף (ז)
píldora (f)	gluya	גְּלוּיָה (נ)
polvo (m)	avka	אַבְקָה (נ)
venda (f)	taχ'boʃet 'gaza	תַּחְבּוֹשֶׁת גָּאזָה (נ)
algodón (m) (discos de ~)	'tsemer 'gefen	צֶמֶר גֶּפֶן (ז)
yodo (m)	yod	יוֹד (ז)
tirita (f), curita (f)	'plaster	פְּלַסְטֶר (ז)
pipeta (f)	taf'tefet	טַפְטֶפֶת (נ)
termómetro (m)	madχom	מַדְחוֹם (ז)
jeringa (f)	mazrek	מַזְרֵק (ז)
silla (f) de ruedas	kise galgalim	כִּיסֵא גַּלְגַּלִּים (ז)
muletas (f pl)	ka'bayim	קַבַּיִים (ז"ר)
anestésico (m)	meʃakeχ ke'evim	מְשַׁכֵּךְ כְּאֵבִים (ז)
purgante (m)	trufa meʃal'ʃelet	תְּרוּפָה מְשַׁלְשֶׁלֶת (נ)
alcohol (m)	'kohal	כּוֹהַל (ז)
hierba (f) medicinal	isvei marpe	עִשְׂבֵי מַרְפֵּא (ז"ר)
de hierbas (té ~)	ʃel asavim	שֶׁל עֲשָׂבִים

EL APARTAMENTO

68. El apartamento

apartamento (m)	dira	דִּירָה (נ)
habitación (f)	'xeder	חֶדֶר (ז)
dormitorio (m)	xadar ʃena	חֲדַר שֵׁינָה (ז)
comedor (m)	pinat 'oxel	פִּינַת אוֹכֶל (נ)
salón (m)	salon	סָלוֹן (ז)
despacho (m)	xadar avoda	חֲדַר עֲבוֹדָה (ז)
antecámara (f)	prozdor	פְּרוֹזְדוֹר (ז)
cuarto (m) de baño	xadar am'batya	חֲדַר אַמְבַּטְיָה (ז)
servicio (m)	ʃerutim	שֵׁירוּתִים (ז"ר)
techo (m)	tikra	תִּקְרָה (נ)
suelo (m)	ritspa	רִצְפָּה (נ)
rincón (m)	pina	פִּינָה (נ)

69. Los muebles. El interior

muebles (m pl)	rehitim	רָהִיטִים (ז"ר)
mesa (f)	ʃulxan	שׁוּלְחָן (ז)
silla (f)	kise	כִּסֵּא (ז)
cama (f)	mita	מִיטָה (נ)
sofá (m)	sapa	סַפָּה (נ)
sillón (m)	kursa	כּוּרְסָה (נ)
librería (f)	aron sfarim	אָרוֹן סְפָרִים (ז)
estante (m)	madaf	מַדָף (ז)
armario (m)	aron bgadim	אָרוֹן בְּגָדִים (ז)
percha (f)	mitle	מִתְלֶה (ז)
perchero (m) de pie	mitle	מִתְלֶה (ז)
cómoda (f)	ʃida	שִׁידָה (נ)
mesa (f) de café	ʃulxan itonim	שׁוּלְחָן עִיתוֹנִים (ז)
espejo (m)	mar'a	מַרְאָה (נ)
tapiz (m)	ʃa'tiax	שָׁטִיחַ (ז)
alfombra (f)	ʃa'tiax	שָׁטִיחַ (ז)
chimenea (f)	ax	אָח (נ)
vela (f)	ner	נֵר (ז)
candelero (m)	pamot	פָּמוֹט (ז)
cortinas (f pl)	vilonot	וִילוֹנוֹת (ז"ר)
empapelado (m)	tapet	טַפֶּט (ז)

estor (m) de láminas	trisim	תְּרִיסִים (ז״ר)
lámpara (f) de mesa	menorat ʃulχan	מְנוֹרַת שׁוּלְחָן (נ)
aplique (m)	menorat kir	מְנוֹרַת קִיר (נ)
lámpara (f) de pie	menora o'medet	מְנוֹרָה עוֹמֶדֶת (נ)
lámpara (f) de araña	niv'reʃet	נִבְרֶשֶׁת (נ)
pata (f) (~ de la mesa)	'regel	רֶגֶל (נ)
brazo (m)	miʃ'enet yad	מִשְׁעֶנֶת יָד (נ)
espaldar (m)	miʃ'enet	מִשְׁעֶנֶת (נ)
cajón (m)	megera	מְגֵרָה (נ)

70. Los accesorios de cama

ropa (f) de cama	matsa'im	מַצָּעִים (ז״ר)
almohada (f)	karit	כָּרִית (נ)
funda (f)	tsipit	צִיפִּית (נ)
manta (f)	smiχa	שְׂמִיכָה (נ)
sábana (f)	sadin	סָדִין (ז)
sobrecama (f)	kisui mita	כִּיסוּי מִיטָה (ז)

71. La cocina

cocina (f)	mitbaχ	מִטְבָּח (ז)
gas (m)	gaz	גָּז (ז)
cocina (f) de gas	tanur gaz	תַּנוּר גָּז (ז)
cocina (f) eléctrica	tanur χaʃmali	תַּנוּר חַשְׁמַלִי (ז)
horno (m)	tanur afiya	תַּנוּר אֲפִייָה (ז)
horno (m) microondas	mikrogal	מִיקְרוֹגַל (ז)
frigorífico (m)	mekarer	מְקָרֵר (ז)
congelador (m)	makpi	מַקְפִּיא (ז)
lavavajillas (m)	me'diaχ kelim	מֵדִיחַ כֵּלִים (ז)
picadora (f) de carne	matχenat basar	מַטְחֲנַת בָּשָׂר (נ)
exprimidor (m)	masχeta	מַסְחֵטָה (נ)
tostador (m)	'toster	טוֹסְטֶר (ז)
batidora (f)	'mikser	מִיקְסֵר (ז)
cafetera (f) (aparato de cocina)	meχonat kafe	מְכוֹנַת קָפֶּה (נ)
cafetera (f) (para servir)	findʒan	פִינְגָּ'אן (ז)
molinillo (m) de café	matχenat kafe	מַטְחֲנַת קָפֶּה (נ)
hervidor (m) de agua	kumkum	קוּמְקוּם (ז)
tetera (f)	kumkum	קוּמְקוּם (ז)
tapa (f)	miχse	מִכְסֶה (ז)
colador (m) de té	mis'nenet te	מְסַנֶּנֶת תֵּה (נ)
cuchara (f)	kaf	כַּף (נ)
cucharilla (f)	kapit	כַּפִּית (נ)
cuchara (f) de sopa	kaf	כַּף (נ)
tenedor (m)	mazleg	מַזְלֵג (ז)

cuchillo (m)	sakin	סַכִּין (ז, נ)
vajilla (f)	kelim	כֵּלִים (ז"ר)
plato (m)	tsa'laxat	צַלַּחַת (נ)
platillo (m)	taxtit	תַּחְתִּית (נ)
vaso (m) de chupito	kosit	כּוֹסִית (נ)
vaso (m) (~ de agua)	kos	כּוֹס (נ)
taza (f)	'sefel	סֵפֶל (ז)
azucarera (f)	mis'keret	מַסְכֶּרֶת (נ)
salero (m)	milxiya	מִלְחִיָּה (נ)
pimentero (m)	pilpeliya	פִּלְפְּלִיָּה (נ)
mantequera (f)	maxame'a	מַחֲמָאָה (נ)
cacerola (f)	sir	סִיר (ז)
sartén (f)	maxvat	מַחְבַת (נ)
cucharón (m)	tarvad	תַּרְוָד (ז)
colador (m)	mis'nenet	מְסַנֶּנֶת (נ)
bandeja (f)	magaʃ	מַגָּשׁ (ז)
botella (f)	bakbuk	בַּקְבּוּק (ז)
tarro (m) de vidrio	tsin'tsenet	צִנְצֶנֶת (נ)
lata (f)	paxit	פַּחִית (נ)
abrebotellas (m)	potʃan bakbukim	פּוֹתְחַן בַּקְבּוּקִים (ז)
abrelatas (m)	potʃan kufsa'ot	פּוֹתְחַן קוּפְסָאוֹת (ז)
sacacorchos (m)	maxlets	מַחְלֵץ (ז)
filtro (m)	'filter	פִּילְטֶר (ז)
filtrar (vt)	lesanen	לְסַנֵּן
basura (f)	'zevel	זֶבֶל (ז)
cubo (m) de basura	pax 'zevel	פַּח זֶבֶל (ז)

72. El baño

cuarto (m) de baño	xadar am'batya	חֲדַר אַמְבַּטְיָה (ז)
agua (f)	'mayim	מַיִם (ז"ר)
grifo (m)	'berez	בֶּרֶז (ז)
agua (f) caliente	'mayim xamim	מַיִם חַמִּים (ז"ר)
agua (f) fría	'mayim karim	מַיִם קָרִים (ז"ר)
pasta (f) de dientes	miʃxat ʃi'nayim	מִשְׁחַת שִׁנַּיִים (נ)
limpiarse los dientes	letsax'tseax ʃi'nayim	לְצַחְצֵחַ שִׁנַּיִים
cepillo (m) de dientes	miv'reʃet ʃi'nayim	מִבְרֶשֶׁת שִׁנַּיִים (נ)
afeitarse (vr)	lehitga'leax	לְהִתְגַּלֵּחַ
espuma (f) de afeitar	'ketsef gi'luax	קֶצֶף גִּילּוּחַ (ז)
maquinilla (f) de afeitar	'ta'ar	תַּעַר (ז)
lavar (vt)	liʃtof	לִשְׁטוֹף
darse un baño	lehitraxets	לְהִתְרַחֵץ
ducha (f)	mik'laxat	מִקְלַחַת (נ)
darse una ducha	lehitka'leax	לְהִתְקַלֵּחַ
bañera (f)	am'batya	אַמְבַּטְיָה (נ)

inodoro (m)	asla	אַסְלָה (נ)
lavabo (m)	kiyor	כִּיוֹר (ז)
jabón (m)	sabon	סַבּוֹן (ז)
jabonera (f)	saboniya	סַבּוֹנִיָה (נ)
esponja (f)	sfog 'lifa	סְפוֹג לֵיפָה (ז)
champú (m)	ʃampu	שַׁמְפּוּ (ז)
toalla (f)	ma'gevet	מַגֶּבֶת (נ)
bata (f) de baño	χaluk raχatsa	חָלוּק רַחְצָה (ז)
colada (f), lavado (m)	kvisa	כְּבִיסָה (נ)
lavadora (f)	meχonat kvisa	מְכוֹנַת כְּבִיסָה (נ)
lavar la ropa	leχabes	לְכַבֵּס
detergente (m) en polvo	avkat kvisa	אַבְקַת כְּבִיסָה (נ)

73. Los aparatos domésticos

televisor (m)	tele'vizya	טֶלֶוִיזְיָה (נ)
magnetófono (m)	teip	טֵייפּ (ז)
vídeo (m)	maχʃir 'vide'o	מַכְשִׁיר וִידָאוֹ (ז)
radio (m)	'radyo	רָדִיוֹ (ז)
reproductor (m) (~ MP3)	nagan	נַגָּן (ז)
proyector (m) de vídeo	makren	מַקְרֵן (ז)
sistema (m) home cinema	kol'no'a beiti	קוֹלְנוֹעַ בֵּיתִי (ז)
reproductor (m) de DVD	nagan dividi	נַגָּן DVD (ז)
amplificador (m)	magber	מַגְבֵּר (ז)
videoconsola (f)	maχʃir plei'steiʃen	מַכְשִׁיר פְּלֵייסְטֵיישָׁן (ז)
cámara (f) de vídeo	matslemat 'vide'o	מַצְלֵמַת וִידָאוֹ (נ)
cámara (f) fotográfica	matslema	מַצְלֵמָה (נ)
cámara (f) digital	matslema digi'talit	מַצְלֵמָה דִיגִיטָלִית (נ)
aspirador (m), aspiradora (f)	ʃo'ev avak	שׁוֹאֵב אָבָק (ז)
plancha (f)	maghets	מַגְהֵץ (ז)
tabla (f) de planchar	'kereʃ gihuts	קֶרֶשׁ גִּיהוּץ (ז)
teléfono (m)	'telefon	טֶלֶפוֹן (ז)
teléfono (m) móvil	'telefon nayad	טֶלֶפוֹן נַיָד (ז)
máquina (f) de escribir	meχonat ktiva	מְכוֹנַת כְּתִיבָה (נ)
máquina (f) de coser	meχonat tfira	מְכוֹנַת תְפִירָה (נ)
micrófono (m)	mikrofon	מִיקְרוֹפוֹן (ז)
auriculares (m pl)	ozniyot	אוֹזְנִיוֹת (נ"ר)
mando (m) a distancia	'ʃelet	שֶׁלֶט (ז)
CD (m)	taklitor	תַקְלִיטוֹר (ז)
casete (m)	ka'letet	קַלֶטֶת (נ)
disco (m) de vinilo	taklit	תַקְלִיט (ז)

LA TIERRA. EL TIEMPO

74. El espacio

cosmos (m)	χalal	חָלָל (ז)
espacial, cósmico (adj)	ʃel χalal	שֶׁל חָלָל
espacio (m) cósmico	χalal χitson	חָלָל חִיצוֹן (ז)
mundo (m)	olam	עוֹלָם (ז)
universo (m)	yekum	יְקוּם (ז)
galaxia (f)	ga'laksya	גָלַקְסְיָה (נ)
estrella (f)	koχav	כּוֹכָב (ז)
constelación (f)	tsvir koχavim	צְבִיר כּוֹכָבִים (ז)
planeta (m)	koχav 'leχet	כּוֹכַב לֶכֶת (ז)
satélite (m)	lavyan	לַוְיָן (ז)
meteorito (m)	mete'orit	מֶטֶאוֹרִיט (ז)
cometa (m)	koχav ʃavit	כּוֹכָב שָׁבִיט (ז)
asteroide (m)	aste'ro'id	אַסְטֶרוֹאִיד (ז)
órbita (f)	maslul	מַסְלוּל (ז)
girar (vi)	lesovev	לְסוֹבֵב
atmósfera (f)	atmos'fera	אַטְמוֹסְפֵּרָה (נ)
Sol (m)	'ʃemeʃ	שֶׁמֶשׁ (נ)
sistema (m) solar	ma'a'reχet ha'ʃemeʃ	מַעֲרֶכֶת הַשֶׁמֶשׁ (נ)
eclipse (m) de Sol	likui χama	לִיקוּי חַמָה (ז)
Tierra (f)	kadur ha"arets	כַּדוּר הָאָרֶץ (ז)
Luna (f)	ya'reaχ	יָרֵחַ (ז)
Marte (m)	ma'adim	מַאֲדִים (ז)
Venus (m)	'noga	נוֹגַה (ז)
Júpiter (m)	'tsedek	צֶדֶק (ז)
Saturno (m)	ʃabtai	שַׁבְּתַאי (ז)
Mercurio (m)	koχav χama	כּוֹכָב חַמָה (ז)
Urano (m)	u'ranus	אוּרָנוּס (ז)
Neptuno (m)	neptun	נֶפְּטוּן (ז)
Plutón (m)	'pluto	פְּלוּטוֹ (ז)
la Vía Láctea	ʃvil haχalav	שְׁבִיל הֶחָלָב (ז)
la Osa Mayor	duba gdola	דוּבָּה גְדוֹלָה (נ)
la Estrella Polar	koχav hatsafon	כּוֹכַב הַצָפוֹן (ז)
marciano (m)	toʃav ma'adim	תוֹשַׁב מַאֲדִים (ז)
extraterrestre (m)	χutsan	חוּצָן (ז)
planetícola (m)	χaizar	חַייָזָר (ז)
platillo (m) volante	tsa'laχat me'o'fefet	צַלַחַת מְעוֹפֶפֶת (נ)
nave (f) espacial	χalalit	חֲלָלִית (נ)

| estación (f) orbital | taχanat χalal | תַּחֲנַת חָלָל (נ) |
| despegue (m) | hamra'a | הַמְרָאָה (נ) |

motor (m)	ma'no‘a	מָנוֹעַ (ז)
tobera (f)	neχir	נְחִיר (ז)
combustible (m)	'delek	דֶּלֶק (ז)

carlinga (f)	'kokpit	קוֹקְפִּיט (ז)
antena (f)	an'tena	אַנְטֶנָה (נ)
ventana (f)	eʃnav	אֶשְׁנָב (ז)
batería (f) solar	'luaχ so'lari	לוּחַ סוֹלָרִי (ז)
escafandra (f)	χalifat χalal	חֲלִיפַת חָלָל (נ)

ingravidez (f)	'χoser miʃkal	חוֹסֶר מִשְׁקָל (ז)
oxígeno (m)	χamtsan	חַמְצָן (ז)
atraque (m)	agina	עֲגִינָה (נ)
realizar el atraque	la‘agon	לַעֲגוֹן

observatorio (m)	mitspe koχavim	מִצְפֵּה כּוֹכָבִים (ז)
telescopio (m)	teleskop	טֶלֶסְקוֹפּ (ז)
observar (vt)	litspot, lehaʃkif	לִצְפּוֹת, לְהַשְׁקִיף
explorar (~ el universo)	laχkor	לַחְקוֹר

75. La tierra

Tierra (f)	kadur ha"arets	כַּדּוּר הָאָרֶץ (ז)
globo (m) terrestre	kadur ha"arets	כַּדּוּר הָאָרֶץ (ז)
planeta (m)	koχav 'leχet	כּוֹכַב לֶכֶת (ז)

atmósfera (f)	atmos'fera	אַטְמוֹסְפֵרָה (נ)
geografía (f)	ge'o'grafya	גֵּיאוֹגְרַפְיָה (נ)
naturaleza (f)	'teva	טֶבַע (ז)
globo (m) terráqueo	'globus	גלוֹבּוּס (ז)
mapa (m)	mapa	מַפָּה (נ)
atlas (m)	'atlas	אַטְלָס (ז)

Europa (f)	ei'ropa	אֵירוֹפָּה (נ)
Asia (f)	'asya	אַסְיָה (נ)
África (f)	'afrika	אַפְרִיקָה (נ)
Australia (f)	ost'ralya	אוֹסְטְרַלְיָה (נ)

América (f)	a'merika	אָמֶרִיקָה (נ)
América (f) del Norte	a'merika hatsfonit	אָמֶרִיקָה הַצְּפוֹנִית (נ)
América (f) del Sur	a'merika hadromit	אָמֶרִיקָה הַדְרוֹמִית (נ)

| Antártida (f) | ya'beʃet an'tarktika | יַבֶּשֶׁת אַנְטָארְקְטִיקָה (נ) |
| Ártico (m) | 'arktika | אַרְקְטִיקָה (נ) |

76. Los puntos cardinales

| norte (m) | tsafon | צָפוֹן (ז) |
| al norte | tsa'fona | צָפוֹנָה |

| en el norte | batsafon | בַּצָפוֹן |
| del norte (adj) | tsfoni | צְפוֹנִי |

sur (m)	darom	דָּרוֹם (ז)
al sur	da'roma	דָּרוֹמָה
en el sur	badarom	בַּדָּרוֹם
del sur (adj)	dromi	דְּרוֹמִי

oeste (m)	ma'arav	מַעֲרָב (ז)
al oeste	ma'a'rava	מַעֲרָבָה
en el oeste	bama'arav	בַּמַּעֲרָב
del oeste (adj)	ma'aravi	מַעֲרָבִי

este (m)	mizraχ	מִזְרָח (ז)
al este	miz'raχa	מִזְרָחָה
en el este	bamizraχ	בַּמִּזְרָח
del este (adj)	mizraχi	מִזְרָחִי

77. El mar. El océano

mar (m)	yam	יָם (ז)
océano (m)	ok'yanos	אוֹקְיָאנוֹס (ז)
golfo (m)	mifrats	מִפְרָץ (ז)
estrecho (m)	meitsar	מֵיצָר (ז)

tierra (f) firme	yabaʃa	יַבָּשָׁה (נ)
continente (m)	ya'beʃet	יַבֶּשֶׁת (נ)
isla (f)	i	אִי (ז)
península (f)	χatsi i	חֲצִי אִי (ז)
archipiélago (m)	arχipelag	אַרְכִיפֶּלָג (ז)

bahía (f)	mifrats	מִפְרָץ (ז)
ensenada, bahía (f)	namal	נָמֵל (ז)
laguna (f)	la'guna	לָגוּנָה (נ)
cabo (m)	kef	כֵּף (ז)

atolón (m)	atol	אָטוֹל (ז)
arrecife (m)	ʃunit	שׁוּנִית (נ)
coral (m)	almog	אַלְמוֹג (ז)
arrecife (m) de coral	ʃunit almogim	שׁוּנִית אַלְמוֹגִים (נ)

profundo (adj)	amok	עָמוֹק
profundidad (f)	'omek	עוֹמֶק (ז)
abismo (m)	tehom	תְּהוֹם (נ)
fosa (f) oceánica	maχteʃ	מַכְתֵּשׁ (ז)

| corriente (f) | 'zerem | זֶרֶם (ז) |
| bañar (rodear) | lehakif | לְהַקִּיף |

| orilla (f) | χof | חוֹף (ז) |
| costa (f) | χof yam | חוֹף יָם (ז) |

| flujo (m) | ge'ut | גֵּאוּת (נ) |
| reflujo (m) | 'ʃefel | שֶׁפֶל (ז) |

banco (m) de arena	sirton	שִׂרְטוֹן (ז)
fondo (m)	karka'it	קַרְקָעִית (נ)
ola (f)	gal	גַּל (ז)
cresta (f) de la ola	pisgat hagal	פִּסְגַּת הַגַּל (נ)
espuma (f)	'ketsef	קֶצֶף (ז)
tempestad (f)	sufa	סוּפָה (נ)
huracán (m)	hurikan	הוּרִיקָן (ז)
tsunami (m)	tsu'nami	צוּנָאמִי (ז)
bonanza (f)	'roga	רֹגַע (ז)
calmo, tranquilo	ʃalev	שָׁלֵו
polo (m)	'kotev	קֹטֶב (ז)
polar (adj)	kotbi	קוֹטְבִּי
latitud (f)	kav 'roχav	קַו רֹחַב (ז)
longitud (f)	kav 'oreχ	קַו אֹרֶךְ (ז)
paralelo (m)	kav 'roχav	קַו רֹחַב (ז)
ecuador (m)	kav hamaʃve	קַו הַמַּשְׁוֶה (ז)
cielo (m)	ʃa'mayim	שָׁמַיִם (ז"ר)
horizonte (m)	'ofek	אֹפֶק (ז)
aire (m)	avir	אֲוִיר (ז)
faro (m)	migdalor	מִגְדָּלוֹר (ז)
bucear (vi)	litslol	לִצְלֹל
hundirse (vr)	lit'boʻa	לִטְבֹּעַ
tesoros (m pl)	otsarot	אוֹצָרוֹת (ז"ר)

78. Los nombres de los mares y los océanos

océano (m) Atlántico	ha'ok'yanus ha'at'lanti	הָאוֹקְיָנוֹס הָאַטְלַנְטִי (ז)
océano (m) Índico	ha'ok'yanus ha'hodi	הָאוֹקְיָנוֹס הַהוֹדִי (ז)
océano (m) Pacífico	ha'ok'yanus haʃaket	הָאוֹקְיָנוֹס הַשָּׁקֵט (ז)
océano (m) Glacial Ártico	ok'yanos ha'keraχ hatsfoni	אוֹקְיָנוֹס הַקֶּרַח הַצְּפוֹנִי (ז)
mar (m) Negro	hayam haʃaχor	הַיָּם הַשָּׁחוֹר (ז)
mar (m) Rojo	yam suf	יַם סוּף (ז)
mar (m) Amarillo	hayam hatsahov	הַיָּם הַצָּהוֹב (ז)
mar (m) Blanco	hayam halavan	הַיָּם הַלָּבָן (ז)
mar (m) Caspio	hayam ha'kaspi	הַיָּם הַכַּסְפִּי (ז)
mar (m) Muerto	yam ha'melaχ	יַם הַמֶּלַח (ז)
mar (m) Mediterráneo	hayam hatiχon	הַיָּם הַתִּיכוֹן (ז)
mar (m) Egeo	hayam ha'e'ge'i	הַיָּם הָאֶגֶאִי (ז)
mar (m) Adriático	hayam ha'adri'yati	הַיָּם הָאַדְרִיָאתִי (ז)
mar (m) Arábigo	hayam ha'aravi	הַיָּם הָעֲרָבִי (ז)
mar (m) del Japón	hayam haya'pani	הַיָּם הַיַּפָּנִי (ז)
mar (m) de Bering	yam 'bering	יַם בֶּרִינג (ז)
mar (m) de la China Meridional	yam sin hadromi	יַם סִין הַדְּרוֹמִי (ז)

mar (m) del Coral	yam ha'almogim	יַם הָאַלמוֹגִים (ז)
mar (m) de Tasmania	yam tasman	יַם טַסמַן (ז)
mar (m) Caribe	hayam haka'ribi	הַיָּם הַקָרִיבִּי (ז)
mar (m) de Barents	yam 'barents	יַם בָּרֶנץ (ז)
mar (m) de Kara	yam 'kara	יַם קָארָה (ז)
mar (m) del Norte	hayam hatsfoni	הַיָּם הַצפוֹנִי (ז)
mar (m) Báltico	hayam ha'balti	הַיָּם הַבַּלטִי (ז)
mar (m) de Noruega	hayam hanor'vegi	הַיָּם הַנוֹרבֶּגִי (ז)

79. Las montañas

montaña (f)	har	הַר (ז)
cadena (f) de montañas	'reχes harim	רֶכֶס הָרִים (ז)
cresta (f) de montañas	'reχes har	רֶכֶס הַר (ז)
cima (f)	pisga	פִּסגָה (נ)
pico (m)	pisga	פִּסגָה (נ)
pie (m)	margelot	מַרגְלוֹת (נ"ר)
cuesta (f)	midron	מִדרוֹן (ז)
volcán (m)	har 'gaʿaʃ	הַר גַּעַש (ז)
volcán (m) activo	har 'gaʿaʃ pa'il	הַר גַּעַש פָּעִיל (ז)
volcán (m) apagado	har 'gaʿaʃ radum	הַר גַּעַש רָדוּם (ז)
erupción (f)	hitpartsut	הִתפָּרצוּת (נ)
cráter (m)	loʿa	לוֹעַ (ז)
magma (m)	megama	מַגמָה (נ)
lava (f)	'lava	לָאבָה (נ)
fundido (lava ~a)	lohet	לוֹהֵט
cañón (m)	kanyon	קַניוֹן (ז)
desfiladero (m)	gai	גַּיא (ז)
grieta (f)	'beka	בֶּקַע (ז)
precipicio (m)	tehom	תְהוֹם (נ)
puerto (m) (paso)	maʿavar harim	מַעֲבָר הָרִים (ז)
meseta (f)	rama	רָמָה (נ)
roca (f)	tsuk	צוּק (ז)
colina (f)	givʿa	גִבעָה (נ)
glaciar (m)	karχon	קַרחוֹן (ז)
cascada (f)	mapal 'mayim	מַפַּל מַיִם (ז)
geiser (m)	'geizer	גֵּייזֶר (ז)
lago (m)	agam	אֲגַם (ז)
llanura (f)	miʃor	מִישוֹר (ז)
paisaje (m)	nof	נוֹף (ז)
eco (m)	hed	הֵד (ז)
alpinista (m)	metapes harim	מְטַפֵּס הָרִים (ז)
escalador (m)	metapes slaʿim	מְטַפֵּס סְלָעִים (ז)
conquistar (vt)	liχboʃ	לִכבּוֹש
ascensión (f)	tipus	טִיפּוּס (ז)

80. Los nombres de las montañas

Español	Transliteración	Hebreo
Alpes (m pl)	harei ha"alpim	הָרֵי הָאַלְפִּים (ז״ר)
Montblanc (m)	mon blan	מוֹן בְּלָאן (ז)
Pirineos (m pl)	pire'ne'im	פִּירֶנָאִים (ז״ר)
Cárpatos (m pl)	kar'patim	קַרְפָּטִים (ז״ר)
Urales (m pl)	harei ural	הָרֵי אוּרָל (ז״ר)
Cáucaso (m)	harei hakavkaz	הָרֵי הַקַּווקָז (ז״ר)
Elbrus (m)	elbrus	אֶלְבְּרוּס (ז)
Altai (m)	harei altai	הָרֵי אַלְטַאי (ז״ר)
Tian-Shan (m)	tyan ʃan	טִיאָן שָׁאן (ז)
Pamir (m)	harei pamir	הָרֵי פָּאמִיר (ז״ר)
Himalayos (m pl)	harei hehima'laya	הָרֵי הַהִימָלָאיָה (ז״ר)
Everest (m)	everest	אֶוֶרֶסְט (ז)
Andes (m pl)	harei ha"andim	הָרֵי הָאַנְדִים (ז״ר)
Kilimanjaro (m)	kiliman'dʒaro	קִילִימַנְגֶ'רוֹ (ז)

81. Los ríos

Español	Transliteración	Hebreo
río (m)	nahar	נָהָר (ז)
manantial (m)	ma'ayan	מַעְיָן (ז)
lecho (m) (curso de agua)	afik	אָפִיק (ז)
cuenca (f) fluvial	agan nahar	אֲגַן נָהָר (ז)
desembocar en ...	lehiʃapeχ	לְהִישָׁפֵך
afluente (m)	yuval	יוּבַל (ז)
ribera (f)	χof	חוֹף (ז)
corriente (f)	'zerem	זֶרֶם (ז)
río abajo (adv)	bemorad hanahar	בְּמוֹרַד הַנָּהָר
río arriba (adv)	bema'ale hanahar	בְּמַעֲלֵה הַנָּהָר
inundación (f)	hatsafa	הַצָּפָה (נ)
riada (f)	ʃitafon	שִׁיטָפוֹן (ז)
desbordarse (vr)	la'alot al gdotav	לַעֲלוֹת עַל גְּדוֹתָיו
inundar (vt)	lehatsif	לְהָצִיף
bajo (m) arenoso	sirton	שִׂרְטוֹן (ז)
rápido (m)	'eʃed	אֶשֶׁד (ז)
presa (f)	'seχer	סֶכֶר (ז)
canal (m)	te'ala	תְּעָלָה (נ)
lago (m) artificiale	ma'agar 'mayim	מַאֲגַר מַיִם (ז)
esclusa (f)	ta 'ʃayit	תָּא שַׁיִט (ז)
cuerpo (m) de agua	ma'agar 'mayim	מַאֲגַר מַיִם (ז)
pantano (m)	bitsa	בִּיצָה (נ)
ciénaga (f)	bitsa	בִּיצָה (נ)
remolino (m)	me'ar'bolet	מְעַרְבּוֹלֶת (נ)
arroyo (m)	'naχal	נַחַל (ז)

| potable (adj) | ʃel ʃtiya | שֶׁל שְׁתִיָּה |
| dulce (agua ~) | metukim | מְתוּקִים |

| hielo (m) | 'keraχ | קֶרַח (ז) |
| helarse (el lago, etc.) | likpo | לִקְפּוֹא |

82. Los nombres de los ríos

| Sena (m) | hasen | הַסֶּן (ז) |
| Loira (m) | lu'ar | לוּאָר (ז) |

Támesis (m)	'temza	תָּמְזָה (ז)
Rin (m)	hrain	הָרַיִן (ז)
Danubio (m)	da'nuba	דָנוּבָּה (ז)

Volga (m)	'volga	וֹלְגָה (ז)
Don (m)	nahar don	נָהָר דּוֹן (ז)
Lena (m)	'lena	לֶנָה (ז)

Río (m) Amarillo	hvang ho	הוֹאַנג הוֹ (ז)
Río (m) Azul	yangʦe	יַאנגצֶה (ז)
Mekong (m)	mekong	מָקוֹנג (ז)
Ganges (m)	'gangɕs	גַנְגֶּס (ז)

Nilo (m)	'nilus	נִילוּס (ז)
Congo (m)	'kongo	קוֹנגוֹ (ז)
Okavango (m)	ok'vango	אוֹקְבַנְגוֹ (ז)
Zambeze (m)	zam'bezi	זַמְבֶּזִי (ז)
Limpopo (m)	limpopo	לִימְפּוֹפּוֹ (ז)
Misisipi (m)	misi'sipi	מִיסִיסִיפִּי (ז)

83. El bosque

| bosque (m) | 'ya'ar | יַעַר (ז) |
| de bosque (adj) | ʃel 'ya'ar | שֶׁל יַעַר |

espesura (f)	avi ha'ya'ar	עֳבִי הַיַּעַר (ז)
bosquecillo (m)	χurʃa	חוּרְשָׁה (נ)
claro (m)	ka'raχat 'ya'ar	קָרַחַת יַעַר (נ)

| maleza (f) | svaχ | סְבָךְ (ז) |
| matorral (m) | 'siaχ | שִׂיחַ (ז) |

| senda (f) | ʃvil | שְׁבִיל (ז) |
| barranco (m) | 'emek ʦar | עֵמֶק צַר (ז) |

árbol (m)	eʦ	עֵץ (ז)
hoja (f)	ale	עָלֶה (ז)
follaje (m)	alva	עַלְוָה (נ)

| caída (f) de hojas | ʃa'leχet | שַׁלֶּכֶת (נ) |
| caer (las hojas) | linʃor | לִנְשׁוֹר |

cima (f)	tsa'meret	צַמֶרֶת (נ)
rama (f)	anaf	עָנָף (ז)
rama (f) (gruesa)	anaf ave	עָנָף עָבֶה (ז)
brote (m)	nitsan	נִיצָן (ז)
aguja (f)	'maχat	מַחַט (נ)
piña (f)	itstrubal	אִצְטְרוּבָּל (ז)

| agujero (m) | χor ba'ets | חוֹר בָּעֵץ (ז) |
| nido (m) | ken | קֵן (ז) |

tronco (m)	'geza	גֶזַע (ז)
raíz (f)	'ʃoreʃ	שׁוֹרֶשׁ (ז)
corteza (f)	klipa	קְלִיפָּה (נ)
musgo (m)	taχav	טַחַב (ז)

extirpar (vt)	la'akor	לַעֲקוֹר
talar (vt)	liχrot	לִכְרוֹת
deforestar (vt)	levare	לְבָרֵא
tocón (m)	'gedem	גֶדֶם (ז)

hoguera (f)	medura	מְדוּרָה (נ)
incendio (m) forestal	srefa	שְׂרֵיפָה (נ)
apagar (~ el incendio)	leχabot	לְכַבּוֹת

guarda (m) forestal	ʃomer 'ya'ar	שׁוֹמֵר יַעַר (ז)
protección (f)	ʃmira	שְׁמִירָה (נ)
proteger (vt)	liʃmor	לִשְׁמוֹר
cazador (m) furtivo	tsayad lelo reʃut	צַיָיד לְלֹא רְשׁוּת (ז)
cepo (m)	mal'kodet	מַלְכּוֹדֶת (נ)

| recoger (setas, bayas) | lelaket | לְלַקֵט |
| perderse (vr) | lit'ot | לִתְעוֹת |

84. Los recursos naturales

recursos (m pl) naturales	otsarot 'teva	אוֹצָרוֹת טֶבַע (ז"ר)
recursos (m pl) subterráneos	mine'ralim	מִינֶרָלִים (ז"ר)
depósitos (m pl)	mirbats	מִרְבָּץ (ז)
yacimiento (m)	mirbats	מִרְבָּץ (ז)

extraer (vt)	liχrot	לִכְרוֹת
extracción (f)	kriya	כְּרִיָיה (נ)
mena (f)	afra	עַפְרָה (נ)
mina (f)	miχre	מִכְרֶה (ז)
pozo (m) de mina	pir	פִּיר (ז)
minero (m)	kore	כּוֹרֶה (ז)

| gas (m) | gaz | גַז (ז) |
| gasoducto (m) | tsinor gaz | צִינוֹר גַז (ז) |

petróleo (m)	neft	נֵפְט (ז)
oleoducto (m)	tsinor neft	צִינוֹר נֵפְט (ז)
pozo (m) de petróleo	be'er neft	בְּאֵר נֵפְט (נ)
torre (f) de sondeo	migdal ki'duaχ	מִגְדַל קִידוּחַ (ז)

petrolero (m)	meχalit	מֵיכָלִית (נ)
arena (f)	χol	חוֹל (ז)
caliza (f)	'even gir	אֶבֶן גִיר (נ)
grava (f)	χatsats	חָצָץ (ז)
turba (f)	kavul	כָּבוּל (ז)
arcilla (f)	tit	טִיט (ז)
carbón (m)	peχam	פֶּחָם (ז)

hierro (m)	barzel	בַּרְזֶל (ז)
oro (m)	zahav	זָהָב (ז)
plata (f)	'kesef	כֶּסֶף (ז)
níquel (m)	'nikel	נִיקֶל (ז)
cobre (m)	ne'χoʃet	נְחוֹשֶׁת (נ)

zinc (m)	avats	אָבָץ (ז)
manganeso (m)	mangan	מַנְגָן (ז)
mercurio (m)	kaspit	כַּסְפִּית (נ)
plomo (m)	o'feret	עוֹפֶרֶת (נ)

mineral (m)	mineral	מִינָרָל (ז)
cristal (m)	gaviʃ	גָבִישׁ (ז)
mármol (m)	'ʃayiʃ	שַׁיִשׁ (ז)
uranio (m)	u'ranyum	אוּרָנְיוּם (ז)

85. El tiempo

tiempo (m)	'mezeg avir	מֶזֶג אֲווִיר (ז)
previsión (f) del tiempo	taχazit 'mezeg ha'avir	תַחֲזִית מֶזֶג הָאֲווִיר (נ)
temperatura (f)	tempera'tura	טֶמְפֶּרָטוּרָה (נ)
termómetro (m)	madχom	מַדְחוֹם (ז)
barómetro (m)	ba'rometer	בָּרוֹמֶטֶר (ז)

húmedo (adj)	laχ	לַח
humedad (f)	laχut	לַחוּת (נ)
bochorno (m)	χom	חוֹם (ז)
tórrido (adj)	χam	חַם
hace mucho calor	χam	חַם

| hace calor (templado) | χamim | חָמִים |
| templado (adj) | χamim | חָמִים |

| hace frío | kar | קַר |
| frío (adj) | kar | קַר |

sol (m)	'ʃemeʃ	שֶׁמֶשׁ (נ)
brillar (vi)	lizhor	לִזְהוֹר
soleado (un día ~)	ʃimʃi	שִׁמְשִׁי
elevarse (el sol)	liz'roaχ	לִזְרוֹחַ
ponerse (vr)	liʃ'koʻa	לִשְׁקוֹעַ

nube (f)	anan	עָנָן (ז)
nuboso (adj)	me'unan	מְעוֹנָן
nubarrón (m)	av	עָב (ז)
nublado (adj)	sagriri	סַגְרִירִי

lluvia (f)	'geʃem	גֶּשֶׁם (ז)
está lloviendo	yored 'geʃem	יוֹרֵד גֶּשֶׁם
lluvioso (adj)	gaʃum	גָּשׁוּם
llovizna (vi)	letaftef	לְטַפְטֵף
aguacero (m)	matar	מָטָר (ז)
chaparrón (m)	mabul	מַבּוּל (ז)
fuerte (la lluvia ~)	χazak	חָזָק
charco (m)	ʃlulit	שְׁלוּלִית (נ)
mojarse (vr)	lehitratev	לְהִתְרַטֵּב
niebla (f)	arapel	עֲרָפֶל (ז)
nebuloso (adj)	me'urpal	מְעוּרְפָּל
nieve (f)	'ʃeleg	שֶׁלֶג (ז)
está nevando	yored 'ʃeleg	יוֹרֵד שֶׁלֶג

86. Los eventos climáticos severos. Los desastres naturales

tormenta (f)	sufat re'amim	סוּפַת רְעָמִים (נ)
relámpago (m)	barak	בָּרָק (ז)
relampaguear (vi)	livhok	לִבְהוֹק
trueno (m)	'ra'am	רַעַם (ז)
tronar (vi)	lir'om	לִרְעוֹם
está tronando	lir'om	לִרְעוֹם
granizo (m)	barad	בָּרָד (ז)
está granizando	yored barad	יוֹרֵד בָּרָד
inundar (vt)	lehatsif	לְהַצִּיף
inundación (f)	ʃitafon	שִׁיטָפוֹן (ז)
terremoto (m)	re'idat adama	רְעִידַת אֲדָמָה (נ)
sacudida (f)	re'ida	רְעִידָה (נ)
epicentro (m)	moked	מוֹקֵד (ז)
erupción (f)	hitpartsut	הִתְפָּרְצוּת (נ)
lava (f)	'lava	לָאבָה (נ)
torbellino (m)	hurikan	הוּרִיקָן (ז)
tornado (m)	tor'nado	טוֹרְנָדוֹ (ז)
tifón (m)	taifun	טַייפוּן (ז)
huracán (m)	hurikan	הוּרִיקָן (ז)
tempestad (f)	sufa	סוּפָה (נ)
tsunami (m)	tsu'nami	צוּנָאמִי (ז)
ciclón (m)	tsiklon	צִיקְלוֹן (ז)
mal tiempo (m)	sagrir	סַגְרִיר (ז)
incendio (m)	srefa	שְׂרֵיפָה (נ)
catástrofe (f)	ason	אָסוֹן (ז)
meteorito (m)	mete'orit	מֶטֶאוֹרִיט (ז)
avalancha (f)	ma'polet ʃlagim	מַפּוֹלֶת שְׁלָגִים (נ)
alud (m) de nieve	ma'polet ʃlagim	מַפּוֹלֶת שְׁלָגִים (נ)

ventisca (f)	sufat ʃlagim	סוּפַת שְׁלָגִים (נ)
nevasca (f)	sufat ʃlagim	סוּפַת שְׁלָגִים (נ)

LA FAUNA

87. Los mamíferos. Los predadores

carnívoro (m)	χayat 'teref	חַיַּת טֶרֶף (נ)
tigre (m)	'tigris	טִיגְרִיס (ז)
león (m)	arye	אַרְיֵה (ז)
lobo (m)	ze'ev	זְאֵב (ז)
zorro (m)	ʃuʿal	שׁוּעָל (ז)
jaguar (m)	yagu'ar	יָגוּאָר (ז)
leopardo (m)	namer	נָמֵר (ז)
guepardo (m)	bardelas	בַּרְדְּלָס (ז)
pantera (f)	panter	פַּנְתֵּר (ז)
puma (f)	'puma	פּוּמָה (נ)
leopardo (m) de las nieves	namer 'ʃeleg	נְמֵר שֶׁלֶג (ז)
lince (m)	ʃunar	שׁוּנָר (ז)
coyote (m)	ze'ev ha'aravot	זְאֵב הָעֲרָבוֹת (ז)
chacal (m)	tan	תַּן (ז)
hiena (f)	tsa'voʿa	צָבוֹעַ (ז)

88. Los animales salvajes

animal (m)	'baʿal χayim	בַּעַל חַיִּים (ז)
bestia (f)	χaya	חַיָּה (נ)
ardilla (f)	sna'i	סְנָאִי (ז)
erizo (m)	kipod	קִיפּוֹד (ז)
liebre (f)	arnav	אַרְנָב (ז)
conejo (m)	ʃafan	שָׁפָן (ז)
tejón (m)	girit	גִּירִית (נ)
mapache (m)	dvivon	דְּבִיבוֹן (ז)
hámster (m)	oger	אוֹגֵר (ז)
marmota (f)	mar'mita	מַרְמִיטָה (נ)
topo (m)	χafar'peret	חֲפַרְפֶּרֶת (נ)
ratón (m)	aχbar	עַכְבָּר (ז)
rata (f)	χulda	חוּלְדָּה (נ)
murciélago (m)	atalef	עֲטַלֵּף (ז)
armiño (m)	hermin	הֶרְמִין (ז)
cebellina (f)	tsobel	צוֹבֶּל (ז)
marta (f)	dalak	דָּלָק (ז)
comadreja (f)	χamus	חָמוּס (ז)
visón (m)	χorfan	חוֹרְפָּן (ז)

castor (m)	bone	בּוֹנֶה (ז)
nutria (f)	lutra	לוּטְרָה (נ)
caballo (m)	sus	סוּס (ז)
alce (m)	ayal hakore	אַיָּל הַקּוֹרֵא (ז)
ciervo (m)	ayal	אַיָּל (ז)
camello (m)	gamal	גָּמָל (ז)
bisonte (m)	bizon	בִּיזוֹן (ז)
uro (m)	bizon ei'ropi	בִּיזוֹן אֵירוֹפִּי (ז)
búfalo (m)	te'o	תְּאוֹ (ז)
cebra (f)	'zebra	זֶבְּרָה (נ)
antílope (m)	anti'lopa	אַנְטִילוֹפָּה (ז)
corzo (m)	ayal hakarmel	אַיָּל הַכַּרְמֶל (ז)
gamo (m)	yaχmur	יַחְמוּר (ז)
gamuza (f)	ya'el	יָעֵל (ז)
jabalí (m)	χazir bar	חֲזִיר בָּר (ז)
ballena (f)	livyatan	לִוְיָתָן (ז)
foca (f)	'kelev yam	כֶּלֶב יָם (ז)
morsa (f)	sus yam	סוּס יָם (ז)
oso (m) marino	dov yam	דֹּב יָם (ז)
delfín (m)	dolfin	דּוֹלְפִין (ז)
oso (m)	dov	דֹּב (ז)
oso (m) blanco	dov 'kotev	דֹּב קֹוטֶב (ז)
panda (f)	'panda	פַּנְדָה (נ)
mono (m)	kof	קוֹף (ז)
chimpancé (m)	ʃimpanze	שִׁימְפַּנְזָה (נ)
orangután (m)	orang utan	אוֹרַנְג־אוּטָן (ז)
gorila (m)	go'rila	גּוֹרִילָה (נ)
macaco (m)	makak	מָקָק (ז)
gibón (m)	gibon	גִּיבּוֹן (ז)
elefante (m)	pil	פִּיל (ז)
rinoceronte (m)	karnaf	קַרְנַף (ז)
jirafa (f)	dʒi'rafa	גִ'ירָפָה (נ)
hipopótamo (m)	hipopotam	הִיפּוֹפּוֹטָם (ז)
canguro (m)	'kenguru	קֶנְגוּרוּ (ז)
koala (f)	ko''ala	קוֹאָלָה (ז)
mangosta (f)	nemiya	נְמִיָּה (נ)
chinchilla (f)	tʃin'tʃila	צִ'ינְצִ'ילָה (נ)
mofeta (f)	bo'eʃ	בּוֹאֵשׁ (ז)
espín (m)	darban	דַּרְבָּן (ז)

89. Los animales domésticos

gata (f)	χatula	חֲתוּלָה (נ)
gato (m)	χatul	חָתוּל (ז)
perro (m)	'kelev	כֶּלֶב (ז)

caballo (m)	sus	סוּס (ז)
garañón (m)	sus harba'a	סוּס הַרְבָּעָה (ז)
yegua (f)	susa	סוּסָה (נ)
vaca (f)	para	פָּרָה (נ)
toro (m)	ʃor	שׁוֹר (ז)
buey (m)	ʃor	שׁוֹר (ז)
oveja (f)	kivsa	כְּבְשָׂה (נ)
carnero (m)	'ayil	אַיִל (ז)
cabra (f)	ez	עֵז (נ)
cabrón (m)	'tayiʃ	תַּיִשׁ (ז)
asno (m)	χamor	חֲמוֹר (ז)
mulo (m)	'pered	פָּרֶד (ז)
cerdo (m)	χazir	חֲזִיר (ז)
cerdito (m)	χazarzir	חֲזַרְזִיר (ז)
conejo (m)	arnav	אַרְנָב (ז)
gallina (f)	tarne'golet	תַּרְנְגוֹלֶת (נ)
gallo (m)	tarnegol	תַּרְנְגוֹל (ז)
pato (m)	barvaz	בַּרְוָז (ז)
ánade (m)	barvaz	בַּרְוָז (ז)
ganso (m)	avaz	אַוָּז (ז)
pavo (m)	tarnegol 'hodu	תַּרְנְגוֹל הוֹדוּ (ז)
pava (f)	tarne'golet 'hodu	תַּרְנְגוֹלֶת הוֹדוּ (נ)
animales (m pl) domésticos	χayot 'bayit	חַיּוֹת בַּיִת (נ"ר)
domesticado (adj)	mevuyat	מְבוּיָת
domesticar (vt)	levayet	לְבַיֵּת
criar (vt)	lehar'bi'a	לְהַרְבִּיעַ
granja (f)	χava	חַוָּה (נ)
aves (f pl) de corral	ofot 'bayit	עוֹפוֹת בַּיִת (נ"ר)
ganado (m)	bakar	בָּקָר (ז)
rebaño (m)	'eder	עֵדֶר (ז)
caballeriza (f)	urva	אוּרְוָה (נ)
porqueriza (f)	dir χazirim	דִּיר חֲזִירִים (ז)
vaquería (f)	'refet	רֶפֶת (נ)
conejal (m)	arnaviya	אַרְנָבִיָּה (נ)
gallinero (m)	lul	לוּל (ז)

90. Los pájaros

pájaro (m)	tsipor	צִיפּוֹר (נ)
paloma (f)	yona	יוֹנָה (נ)
gorrión (m)	dror	דְּרוֹר (ז)
carbonero (m)	yargazi	יַרְגָּזִי (ז)
urraca (f)	orev neχalim	עוֹרֵב נְחָלִים (ז)
cuervo (m)	orev ʃaχor	עוֹרֵב שָׁחוֹר (ז)

corneja (f)	orev afor	עוֹרֵב אָפוֹר (ז)
chova (f)	ka'ak	קָאָק (ז)
grajo (m)	orev hamizra	עוֹרֵב הַמִזְרָע (ז)
pato (m)	barvaz	בַּרְוָז (ז)
ganso (m)	avaz	אַוָז (ז)
faisán (m)	pasyon	פַּסְיוֹן (ז)
águila (f)	'ayit	עַיִט (ז)
azor (m)	nets	נֵץ (ז)
halcón (m)	baz	בַּז (ז)
buitre (m)	ozniya	עוֹזְנִיָּה (ז)
cóndor (m)	kondor	קוֹנְדוֹר (ז)
cisne (m)	barbur	בַּרְבּוּר (ז)
grulla (f)	agur	עָגוּר (ז)
cigüeña (f)	xasida	חֲסִידָה (נ)
loro (m), papagayo (m)	'tuki	תּוּכִּי (ז)
colibrí (m)	ko'libri	קוֹלִיבְּרִי (ז)
pavo (m) real	tavas	טַוָּס (ז)
avestruz (m)	bat ya‘ana	בַּת יַעֲנָה (נ)
garza (f)	anafa	אֲנָפָה (נ)
flamenco (m)	fla'mingo	פְלָמִינְגוֹ (ז)
pelícano (m)	saknai	שַׂקְנַאי (ז)
ruiseñor (m)	zamir	זָמִיר (ז)
golondrina (f)	snunit	סְנוּנִית (נ)
tordo (m)	kiχli	קִיכְלִי (ז)
zorzal (m)	kiχli mezamer	קִיכְלִי מְזַמֵּר (ז)
mirlo (m)	kiχli ʃaχor	קִיכְלִי שָׁחוֹר (ז)
vencejo (m)	sis	סִיס (ז)
alondra (f)	efroni	עֶפְרוֹנִי (ז)
codorniz (f)	slav	שְׂלָיו (ז)
pájaro carpintero (m)	'neker	נַקָּר (ז)
cuco (m)	kukiya	קוּקִייָה (נ)
lechuza (f)	yanʃuf	יַנְשׁוּף (ז)
búho (m)	'oaχ	אוֹחַ (ז)
urogallo (m)	seχvi 'ya'ar	שְׂכְוִוי יַעַר (ז)
gallo lira (m)	seχvi	שְׂכְוִוי (ז)
perdiz (f)	χogla	חוֹגְלָה (נ)
estornino (m)	zarzir	זַרְזִיר (ז)
canario (m)	ka'narit	קָנָרִית (נ)
ortega (f)	seχvi haya‘arot	שְׂכְוִוי הַיָּעֲרוֹת (ז)
pinzón (m)	paroʃ	פָּרוּשׁ (ז)
camachuelo (m)	admonit	אַדְמוֹנִית (נ)
gaviota (f)	ʃaχaf	שַׁחַף (ז)
albatros (m)	albatros	אַלְבַּטְרוֹס (ז)
pingüino (m)	pingvin	פִּינְגּוִוין (ז)

91. Los peces. Los animales marinos

brema (f)	avroma	אַבְרוֹמָה (נ)
carpa (f)	karpiyon	קַרְפִּיוֹן (ז)
perca (f)	'okunus	אוֹקוּנוּס (ז)
siluro (m)	sfamnun	שְׂפַמְנוּן (ז)
lucio (m)	ze'ev 'mayim	זְאֵב מַיִם (ז)
salmón (m)	'salmon	סַלְמוֹן (ז)
esturión (m)	χidkan	חִדְקָן (ז)
arenque (m)	ma'liaχ	מָלִיחַ (ז)
salmón (m) del Atlántico	iltit	אִילְתִּית (נ)
caballa (f)	makarel	מָקָרֶל (ז)
lenguado (m)	dag moʃe ra'benu	דַּג מֹשֶׁה רַבֵּנוּ (ז)
lucioperca (f)	amnun	אַמְנוּן (ז)
bacalao (m)	ʃibut	שִׁיבּוּט (ז)
atún (m)	'tuna	טוּנָה (נ)
trucha (f)	forel	פוֹרֶל (ז)
anguila (f)	tslofaχ	צְלוֹפָח (ז)
raya (f) eléctrica	trisanit	תְּרִיסָנִית (נ)
morena (f)	mo'rena	מוֹרֶנָה (נ)
piraña (f)	pi'ranya	פִּירַנְיָה (נ)
tiburón (m)	kariʃ	כָּרִישׁ (ז)
delfín (m)	dolfin	דוֹלְפִּין (ז)
ballena (f)	livyatan	לִוְיָתָן (ז)
centolla (f)	sartan	סַרְטָן (ז)
medusa (f)	me'duza	מֶדוּזָה (נ)
pulpo (m)	tamnun	תַּמְנוּן (ז)
estrella (f) de mar	koχav yam	כּוֹכַב יָם (ז)
erizo (m) de mar	kipod yam	קִיפּוֹד יָם (ז)
caballito (m) de mar	suson yam	סוּסוֹן יָם (ז)
ostra (f)	tsidpa	צִדְפָּה (נ)
camarón (m)	χasilon	חָסִילוֹן (ז)
bogavante (m)	'lobster	לוֹבְּסְטֶר (ז)
langosta (f)	'lobster kotsani	לוֹבְּסְטֶר קוֹצָנִי (ז)

92. Los anfibios. Los reptiles

serpiente (f)	naχaʃ	נָחָשׁ (ז)
venenoso (adj)	arsi	אַרְסִי
víbora (f)	'tsefa	צֶפַע (ז)
cobra (f)	'peten	פֶּתֶן (ז)
pitón (m)	piton	פִּיתוֹן (ז)
boa (f)	χanak	חַנָק (ז)
culebra (f)	naχaʃ 'mayim	נָחָשׁ מַיִם (ז)

serpiente (m) de cascabel	ʃfifon	שְׁפִיפוֹן (ז)
anaconda (f)	ana'konda	אֲנָקוֹנְדָה (נ)
lagarto (m)	leta'a	לְטָאָה (נ)
iguana (f)	igu''ana	אִיגוּאָנָה (נ)
varano (m)	'koaχ	כּוֹחַ (ז)
salamandra (f)	sala'mandra	סָלָמַנְדְרָה (נ)
camaleón (m)	zikit	זִיקִית (נ)
escorpión (m)	akrav	עַקְרָב (ז)
tortuga (f)	tsav	צָב (ז)
rana (f)	tsfar'de'a	צְפַרְדֵּעַ (נ)
sapo (m)	karpada	קַרְפָּדָה (נ)
cocodrilo (m)	tanin	תַּנִּין (ז)

93. Los insectos

insecto (m)	χarak	חֶרָק (ז)
mariposa (f)	parpar	פַּרְפַּר (ז)
hormiga (f)	nemala	נְמָלָה (נ)
mosca (f)	zvuv	זְבוּב (ז)
mosquito (m) (picadura de ~)	yatuʃ	יַתּוּשׁ (ז)
escarabajo (m)	χipuʃit	חִיפּוּשִׁית (נ)
avispa (f)	tsir'a	צִרְעָה (נ)
abeja (f)	dvora	דְּבוֹרָה (נ)
abejorro (m)	dabur	דַּבּוּר (ז)
moscardón (m)	zvuv hasus	זְבוּב הַסּוּס (ז)
araña (f)	akaviʃ	עַכָּבִישׁ (ז)
telaraña (f)	kurei akaviʃ	קוּרֵי עַכָּבִישׁ (ז"ר)
libélula (f)	ʃapirit	שְׁפִירִית (נ)
saltamontes (m)	χagav	חָגָב (ז)
mariposa (f) nocturna	aʃ	עָשׁ (ז)
cucaracha (f)	makak	מַקָּק (ז)
garrapata (f)	kartsiya	קַרְצִיָּה (נ)
pulga (f)	par'oʃ	פַּרְעוֹשׁ (ז)
mosca (f) negra	yavχuʃ	יַבְחוּשׁ (ז)
langosta (f)	arbe	אַרְבֶּה (ז)
caracol (m)	χilazon	חִילָזוֹן (ז)
grillo (m)	tsartsar	צְרָצַר (ז)
luciérnaga (f)	gaχlilit	גַּחְלִילִית (נ)
mariquita (f)	parat moʃe ra'benu	פָּרַת מֹשֶׁה רַבֵּנוּ (נ)
sanjuanero (m)	χipuʃit aviv	חִיפּוּשִׁית אָבִיב (נ)
sanguijuela (f)	aluka	עֲלוּקָה (נ)
oruga (f)	zaχal	זַחַל (ז)
lombriz (m) de tierra	to'la'at	תּוֹלַעַת (נ)
larva (f)	'deren	דֶּרֶן (ז)

LA FLORA

94. Los árboles

árbol (m)	ets	עֵץ (ז)
foliáceo (adj)	naʃir	נָשִׁיר
conífero (adj)	maχtani	מַחְטָנִי
de hoja perenne	yarok ad	יָרוֹק עַד
manzano (m)	ta'puaχ	תַּפּוּחַ (ז)
peral (m)	agas	אַגָּס (ז)
cerezo (m)	gudgedan	גּוּדְגְּדָן (ז)
guindo (m)	duvdevan	דּוּבְדְּבָן (ז)
ciruelo (m)	ʃezif	שְׁזִיף (ז)
abedul (m)	ʃadar	שָׁדָר (ז)
roble (m)	alon	אַלּוֹן (ז)
tilo (m)	'tilya	טִילְיָה (נ)
pobo (m)	aspa	אַסְפָּה (נ)
arce (m)	'eder	אֶדֶר (ז)
pícea (f)	a'ʃuaχ	אַשּׁוּחַ (ז)
pino (m)	'oren	אֹרֶן (ז)
alerce (m)	arzit	אַרְזִית (נ)
abeto (m)	a'ʃuaχ	אַשּׁוּחַ (ז)
cedro (m)	'erez	אֶרֶז (ז)
álamo (m)	tsaftsefa	צַפְצָפָה (נ)
serbal (m)	ben χuzrar	בֶּן־חֻזְרָר (ז)
sauce (m)	arava	עֲרָבָה (נ)
aliso (m)	alnus	אַלְנוּס (ז)
haya (f)	aʃur	אַשּׁוּר (ז)
olmo (m)	bu'kitsa	בּוּקִיצָה (נ)
fresno (m)	mela	מֵילָה (נ)
castaño (m)	armon	עַרְמוֹן (ז)
magnolia (f)	mag'nolya	מַגְנוֹלְיָה (נ)
palmera (f)	'dekel	דֶּקֶל (ז)
ciprés (m)	broʃ	בְּרוֹשׁ (ז)
mangle (m)	mangrov	מַנְגְּרוֹב (ז)
baobab (m)	ba'obab	בָּאוֹבָּב (ז)
eucalipto (m)	eika'liptus	אֵיקָלִיפְּטוּס (ז)
secoya (f)	sek'voya	סֶקְוֹיָה (נ)

95. Los arbustos

mata (f)	'siaχ	שִׂיחַ (ז)
arbusto (m)	'siaχ	שִׂיחַ (ז)

vid (f)	'gefen	גֶּפֶן (ז)
viñedo (m)	'kerem	כֶּרֶם (ז)
frambueso (m)	'petel	פֶּטֶל (ז)
grosellero (m) negro	'siax dumdemaniyot ʃxorot	שִׂיחַ דּוּמְדְּמָנִיּוֹת שְׁחוֹרוֹת (ז)
grosellero (m) rojo	'siax dumdemaniyot adumot	שִׂיחַ דּוּמְדְּמָנִיּוֹת אֲדוּמּוֹת (ז)
grosellero (m) espinoso	xazarzar	חֲזַרְזַר (ז)
acacia (f)	ʃita	שִׁיטָה (נ)
berberís (m)	berberis	בֶּרְבֶּרִיס (ז)
jazmín (m)	yasmin	יַסְמִין (ז)
enebro (m)	ar'ar	עַרְעָר (ז)
rosal (m)	'siax vradim	שִׂיחַ וְרָדִים (ז)
escaramujo (m)	'vered bar	וֶרֶד בָּר (ז)

96. Las frutas. Las bayas

fruto (m)	pri	פְּרִי (ז)
frutos (m pl)	perot	פֵּירוֹת (ז"ר)
manzana (f)	ta'puax	תַּפּוּחַ (ז)
pera (f)	agas	אַגָּס (ז)
ciruela (f)	ʃezif	שְׁזִיף (ז)
fresa (f)	tut sade	תּוּת שָׂדֶה (ז)
guinda (f)	duvdevan	דּוּבְדְּבָן (ז)
cereza (f)	gudgedan	גּוּדְגְּדָן (ז)
uva (f)	anavim	עֲנָבִים (ז"ר)
frambuesa (f)	'petel	פֶּטֶל (ז)
grosella (f) negra	dumdemanit ʃxora	דּוּמְדְּמָנִית שְׁחוֹרָה (נ)
grosella (f) roja	dumdemanit aduma	דּוּמְדְּמָנִית אֲדוּמָּה (נ)
grosella (f) espinosa	xazarzar	חֲזַרְזַר (ז)
arándano (m) agrio	xamutsit	חֲמוּצִית (נ)
naranja (f)	tapuz	תַּפּוּז (ז)
mandarina (f)	klemen'tina	קְלֶמֶנְטִינָה (נ)
piña (f)	'ananas	אֲנָנָס (ז)
banana (f)	ba'nana	בַּנָנָה (נ)
dátil (m)	tamar	תָּמָר (ז)
limón (m)	limon	לִימוֹן (ז)
albaricoque (m)	'miʃmeʃ	מִשְׁמֵשׁ (ז)
melocotón (m)	afarsek	אֲפַרְסֵק (ז)
kiwi (m)	'kivi	קִיוִוי (ז)
toronja (f)	eʃkolit	אֶשְׁכּוֹלִית (נ)
baya (f)	garger	גַּרְגַּר (ז)
bayas (f pl)	gargerim	גַּרְגְּרִים (ז"ר)
arándano (m) rojo	uxmanit aduma	אוּכְמָנִית אֲדוּמָּה (נ)
fresa (f) silvestre	tut 'ya'ar	תּוּת יַעַר (ז)
arándano (m)	uxmanit	אוּכְמָנִית (נ)

97. Las flores. Las plantas

flor (f)	'peraχ	פֶּרַח (ז)
ramo (m) de flores	zer	זֵר (ז)
rosa (f)	'vered	וֶרֶד (ז)
tulipán (m)	tsiv'oni	צִבְעוֹנִי (ז)
clavel (m)	tsi'poren	צִיפּוֹרֶן (ז)
gladiolo (m)	glad'yola	גְלַדִיוֹלָה (נ)
aciano (m)	dganit	דְגָנִיָה (נ)
campanilla (f)	pa'amonit	פַּעֲמוֹנִית (נ)
diente (m) de león	ʃinan	שִׁינָן (ז)
manzanilla (f)	kamomil	קָמוֹמִיל (ז)
áloe (m)	alvai	אַלְוַוי (ז)
cacto (m)	'kaktus	קַקְטוּס (ז)
ficus (m)	'fikus	פִיקוּס (ז)
azucena (f)	ʃoʃana	שׁוֹשַׁנָה (נ)
geranio (m)	ge'ranyum	גֶרַנְיוּם (ז)
jacinto (m)	yakinton	יָקִינְטוֹן (ז)
mimosa (f)	mi'moza	מִימוֹזָה (נ)
narciso (m)	narkis	נַרְקִיס (ז)
capuchina (f)	'kova hanazir	כּוֹבַע הַנָזִיר (ז)
orquídea (f)	saχlav	סַחְלָב (ז)
peonía (f)	admonit	אַדְמוֹנִית (נ)
violeta (f)	sigalit	סִיגָלִית (נ)
trinitaria (f)	amnon vetamar	אַמְנוֹן וְתָמָר (ז)
nomeolvides (f)	ziχ'rini	זִכְרִינִי (ז)
margarita (f)	marganit	מַרְגָנִית (נ)
amapola (f)	'pereg	פֶּרֶג (ז)
cáñamo (m)	ka'nabis	קָנָאבִּיס (ז)
menta (f)	'menta	מֶנְתָה (נ)
muguete (m)	zivanit	זִיוָנִית (נ)
campanilla (f) de las nieves	ga'lantus	גָלָנְטוּס (ז)
ortiga (f)	sirpad	סִרְפָּד (ז)
acedera (f)	χum'a	חוֹמְעָה (נ)
nenúfar (m)	nufar	נוּפָר (ז)
helecho (m)	ʃaraχ	שְׁרָךְ (ז)
liquen (m)	χazazit	חֲזָזִית (נ)
invernadero (m) tropical	χamama	חֲמָמָה (נ)
césped (m)	midʃa'a	מִדְשָׁאָה (נ)
macizo (m) de flores	arugat praχim	עֲרוּגַת פְּרָחִים (נ)
planta (f)	'tsemaχ	צֶמַח (ז)
hierba (f)	'deʃe	דֶשֶׁא (ז)
hoja (f) de hierba	giv'ol 'esev	גִבְעוֹל עֵשֶׂב (ז)

hoja (f)	ale	עָלֶה (ז)
pétalo (m)	ale ko'teret	עָלֶה כּוֹתֶרֶת (ז)
tallo (m)	giv'ol	גִּבְעוֹל (ז)
tubérculo (m)	'pka‘at	פְּקַעַת (נ)

| retoño (m) | 'nevet | נֶבֶט (ז) |
| espina (f) | kots | קוֹץ (ז) |

florecer (vi)	lif'roaχ	לִפְרוֹחַ
marchitarse (vr)	linbol	לִנְבּוֹל
olor (m)	'reaχ	רֵיחַ (ז)
cortar (vt)	ligzom	לִגְזוֹם
coger (una flor)	liktof	לִקְטוֹף

98. Los cereales, los granos

grano (m)	tvu'a	תְּבוּאָה (נ)
cereales (m pl) (plantas)	dganim	דְּגָנִים (ז"ר)
espiga (f)	ʃi'bolet	שִׁיבּוֹלֶת (נ)

trigo (m)	χita	חִיטָה (נ)
centeno (m)	ʃifon	שִׁיפוֹן (ז)
avena (f)	ʃi'bolet ʃu‘al	שִׁיבּוֹלֶת שׁוּעָל (נ)
mijo (m)	'doχan	דּוֹחַן (ז)
cebada (f)	se‘ora	שְׂעוֹרָה (נ)

maíz (m)	'tiras	תִּירָס (ז)
arroz (m)	'orez	אוֹרֶז (ז)
alforfón (m)	ku'semet	כּוּסֶמֶת (נ)

guisante (m)	afuna	אֲפוּנָה (נ)
fréjol (m)	ʃu'it	שְׁעוּעִית (נ)
soya (f)	'soya	סוֹיָה (נ)
lenteja (f)	adaʃim	עֲדָשִׁים (נ"ר)
habas (f pl)	pol	פּוֹל (ז)

LOS PAÍSES

Afganistán (m)	afganistan	אַפְגָנִיסְטָן (נ)
Albania (f)	al'banya	אַלְבַּנְיָה (נ)
Alemania (f)	ger'manya	גֶּרְמַנְיָה (נ)
Arabia (f) Saudita	arav hasa'udit	עֲרָב הַסָעוּדִית (נ)
Argentina (f)	argen'tina	אַרְגֶנְטִינָה (נ)
Armenia (f)	ar'menya	אַרְמֶנְיָה (נ)
Australia (f)	ost'ralya	אוֹסְטְרַלְיָה (נ)
Austria (f)	'ostriya	אוֹסְטְרִיָה (נ)
Azerbaiyán (m)	azerbaidʒan	אָזֶרְבַּייגָ'ן (נ)

Bangladesh (m)	bangladeʃ	בַּנגְלָדֶש (נ)
Bélgica (f)	'belgya	בֶּלְגְיָה (נ)
Bielorrusia (f)	'belarus	בֶּלָרוּס (נ)
Bolivia (f)	bo'livya	בּוֹלִיבְיָה (נ)
Bosnia y Herzegovina	'bosniya	בּוֹסְנְיָה (נ)
Brasil (m)	brazil	בְּרָזִיל (נ)
Bulgaria (f)	bul'garya	בּוּלְגַרְיָה (נ)

Camboya (f)	kam'bodya	קַמְבּוֹדְיָה (נ)
Canadá (f)	'kanada	קָנָדָה (נ)
Chequia (f)	'tʃexya	צֶ'כְיָה (נ)
Chile (m)	'tʃile	צִ'ילֶה (נ)
China (f)	sin	סִין (נ)
Chipre (m)	kafrisin	קַפְרִיסִין (נ)
Colombia (f)	ko'lombya	קוֹלוֹמְבְּיָה (נ)
Corea (f) del Norte	ko'rei'a hatsfonit	קוֹרֵיאָה הַצְפוֹנִית (נ)
Corea (f) del Sur	ko'rei'a hadromit	קוֹרֵיאָה הַדְרוֹמִית (נ)

| Croacia (f) | kro''atya | קְרוֹאַטְיָה (נ) |
| Cuba (f) | 'kuba | קוּבָּה (נ) |

Dinamarca (f)	'denemark	דֶנֶמַרק (נ)
Ecuador (m)	ekvador	אֶקוָודוֹר (נ)
Egipto (m)	mits'rayim	מִצְרַיִם (נ)
Emiratos (m pl) Árabes Unidos	iχud ha'emi'royot ha'araviyot	אִיחוּד הָאֶמִירוּיוֹת הָעַרְבִיוֹת (ז)
Escocia (f)	'skotland	סְקוֹטְלַנד (נ)
Eslovaquia (f)	slo'vakya	סְלוֹבַקְיָה (נ)
Eslovenia	slo'venya	סְלוֹבֶנְיָה (נ)
España (f)	sfarad	סְפָרַד (נ)
Estados Unidos de América (m pl)	artsot habrit	אַרְצוֹת הַבְּרִית (נ"ר)
Estonia (f)	es'tonya	אֶסְטוֹנְיָה (נ)
Finlandia (f)	'finland	פִינְלַנד (נ)
Francia (f)	tsarfat	צָרְפַת (נ)

100. Los países. Unidad 2

Georgia (f)	'gruzya	גְּרוּזְיָה (נ)
Ghana (f)	'gana	גָאנָה (נ)
Gran Bretaña (f)	bri'tanya hagdola	בְּרִיטַנְיָה הַגְּדוֹלָה (נ)
Grecia (f)	yavan	יָוָן (נ)
Haití (m)	ha''iti	הָאִיטִי (נ)
Hungría (f)	hun'garya	הוּנְגַּרְיָה (נ)
India (f)	'hodu	הוֹדוּ (נ)
Indonesia (f)	indo'nezya	אִינְדּוֹנֶזְיָה (נ)
Inglaterra (f)	'angliya	אַנְגְּלִיָה (נ)
Irak (m)	irak	עִירָאק (נ)
Irán (m)	iran	אִירָן (נ)
Irlanda (f)	'irland	אִירְלַנְד (נ)
Islandia (f)	'island	אִיסְלַנְד (נ)
Islas (f pl) Bahamas	iyey ba'hama	אִיֵי בָּהָאמָה (ז"ר)
Israel (m)	yisra'el	יִשְׂרָאֵל (נ)
Italia (f)	i'talya	אִיטַלְיָה (נ)
Jamaica (f)	dʒa'maika	גַ'מַייקָה (נ)
Japón (m)	yapan	יָפָן (נ)
Jordania (f)	yarden	יַרְדֵן (נ)
Kazajstán (m)	kazaχstan	קָזַחְסְטָן (נ)
Kenia (f)	'kenya	קֶנְיָה (נ)
Kirguizistán (m)	kirgizstan	קִירְגִיזְסְטָן (נ)
Kuwait (m)	kuveit	כּוּוֵית (נ)
Laos (m)	la'os	לָאוֹס (נ)
Letonia (f)	'latviya	לַטְבִיָה (נ)
Líbano (m)	levanon	לְבָנוֹן (נ)
Libia (f)	luv	לוּב (נ)
Liechtenstein (m)	liχtenʃtain	לִיכְטֶנְשְטַיין (נ)
Lituania (f)	'lita	לִיטָא (נ)
Luxemburgo (m)	luksemburg	לוּקְסֶמְבּוּרְג (נ)
Macedonia	make'donya	מָקֶדוֹנְיָה (נ)
Madagascar (m)	madagaskar	מָדָגַסְקָר (ז)
Malasia (f)	ma'lezya	מָלֶזְיָה (נ)
Malta (f)	'malta	מַלְטָה (נ)
Marruecos (m)	ma'roko	מָרוֹקוֹ (נ)
Méjico (m)	'meksiko	מֶקְסִיקוֹ (נ)
Moldavia (f)	mol'davya	מוֹלְדַבִיָה (נ)
Mónaco (m)	mo'nako	מוֹנָקוֹ (נ)
Mongolia (f)	mon'golya	מוֹנְגוֹלִיָה (נ)
Montenegro (m)	monte'negro	מוֹנְטֶנֶגְרוֹ (נ)
Myanmar (m)	miyanmar	מְיַאנְמָר (נ)

101. Los países. Unidad 3

| Namibia (f) | na'mibya | נָמִיבְיָה (נ) |
| Nepal (m) | nepal | נֶפָּאל (נ) |

97

Noruega (f)	nor'vegya	נוֹרְבֶגְיָה (נ)
Nueva Zelanda (f)	nyu 'ziland	נְיוּ זִילַנְד (נ)
Países Bajos (m pl)	'holand	הוֹלַנְד (נ)
Pakistán (m)	pakistan	פָּקִיסְטָן (נ)
Palestina (f)	falastin	פָּלַסְטִין (נ)
Panamá (f)	pa'nama	פָּנָמָה (נ)
Paraguay (m)	paragvai	פָּרָגְוַואי (נ)
Perú (m)	peru	פֶּרוּ (נ)
Polinesia (f) Francesa	poli'nezya hatsarfatit	פּוֹלִינֶזְיָה הַצָּרְפָתִית (נ)
Polonia (f)	polin	פּוֹלִין (נ)
Portugal (m)	portugal	פּוֹרְטוּגָל (נ)
República (f) Dominicana	hare'publika hadomeni'kanit	הָרֶפּוּבְּלִיקָה הַדוֹמֶינִיקָנִית (נ)
República (f) Sudafricana	drom 'afrika	דְרוֹם אַפְרִיקָה (נ)
Rumania (f)	ro'manya	רוֹמַנְיָה (נ)
Rusia (f)	'rusya	רוּסְיָה (נ)
Senegal (m)	senegal	סֶנֶגָל (נ)
Serbia (f)	'serbya	סֶרְבְּיָה (נ)
Siria (f)	'surya	סוּרְיָה (נ)
Suecia (f)	'ʃvedya	שְׁבֵדְיָה (נ)
Suiza (f)	'ʃvaits	שְׁוַוייץ (נ)
Surinam (m)	surinam	סוּרִינָאם (נ)
Tayikistán (m)	tadʒikistan	טָגִ'יקִיסְטָן (נ)
Tailandia (f)	'tailand	תָּאילַנְד (נ)
Taiwán (m)	taivan	טַייוָון (נ)
Tanzania (f)	tan'zanya	טַנְזַנְיָה (נ)
Tasmania (f)	tas'manya	טַסְמַנְיָה (נ)
Túnez (m)	tu'nisya	טוּנִיסְיָה (נ)
Turkmenistán (m)	turkmenistan	טוּרְקְמֶנִיסְטָן (נ)
Turquía (f)	'turkiya	טוּרְקִיָה (נ)
Ucrania (f)	uk'rayna	אוֹקְרַאִינָה (נ)
Uruguay (m)	urugvai	אוֹרוּגְווַאי (נ)
Uzbekistán (m)	uzbekistan	אוּזְבֶּקִיסְטָן (נ)
Vaticano (m)	vatikan	וָתִיקָן (ז)
Venezuela (f)	venetsu"ela	וֶנֶצוּאֶלָה (נ)
Vietnam (m)	vyetnam	וְיֶטְנָאם (נ)
Zanzíbar (m)	zanzibar	זַנְזִיבָּר (נ)